Noticias felices en aviones de papel

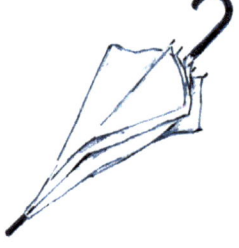

Juan Marsé

Noticias felices en aviones de papel

Notas de
Ina Muñoz

Ernst Klett Sprachen
Stuttgart

1. Auflage 1 ⁵⁴³²¹ | 2025 24 23 22 21

Alle Drucke dieser Auflage sind unverändert und können im Unterricht
nebeneinander verwendet werden.
Die letzte Zahl bezeichnet das Jahr des Druckes. Das Werk und seine Teile
sind urheberrechtlich geschützt. Jede Nutzung in anderen als den gesetz-
lich zugelassenen Fällen bedarf der vorherigen schriftlichen Einwilligung
des Verlags. Fotomechanische oder andere Wiedergabeverfahren nur mit
Genehmigung des Verlags.

Redaktion: Marcelo Rodríguez
Gestaltung und Satz: Satzkasten, Stuttgart
Umschlaggestaltung: Andreas Drabarek
Titelbild und Illustrationen: María Hergueta, www.mariahergueta.com
Bild S. 79: © Bridgeman Images
Bild S. 80: (Juan Marsé): ©LM Palomares
Text S. 80: © Penguin/Random House (gekürzt)
Druck und Bindung: Elanders GmbH, Waiblingen

Printed in Germany

ISBN 978-3-12-535794-5

Índice

A la memoria de Paulina Crusat,
que me abrió la puerta

Quizá hemos acabado con el pasado, pero el pasado no ha acabado con nosotros.

Bergen Evans

Capítulo 1

–Y nunca olvides que el amor verdadero que puedas merecer de una mujer no será el que estás buscando, sino el que no sabías que estabas buscando.

5 Fue el último consejo que Bruno recibió de su padre tres días antes de cumplir los quince años, cuando esperaba no volver a verle nunca más en la vida. Después de pensarlo unos segundos, el chico respondió con voz casi inaudible:

–Ya.

10 Bruno era un adolescente silencioso y esquivo, agazapado detrás de una timidez estratégica elaborada precozmente. Sus padres, Amador y Ruth, se separaron cuando él tenía nueve años. Se habían conocido en una comuna hippy de Ibiza a mediados de los años setenta, ya talluditos ambos, él con

15 treinta y cinco años y Ruth con treinta y dos, y fue un amor a primera vista, entrañado en la vorágine de los cambios y las incertidumbres que vivía el país por aquellas fechas. Amador Cano Raciocinio había nacido en Mugía, un pueblo de La Coruña, y se crió en Barcelona, adonde emigraron sus padres

20 en los primeros años cuarenta. Exseminarista y exvendedor ambulante de colchones y de una marca de chocolatinas, en la comuna presumía de unos cursos seminales en la Universidad de Berkeley, daba clases de yoga y de solfeo y tocaba el clarinete. Era un tipo rubicundo, besucón y

25 ocurrente, el colega que cae bien a casi todo el mundo antes de hacer involuntariamente desgraciado a casi todo el mundo. Experto en liturgias pacifistas y mermeladas caseras, las mujeres veían ráfagas de viento y libertad en sus ojos azules, y él propiciaba ese espejismo. Ruth Vélez era una belleza

30 morena sin pulir, de apariencia discreta y sumisa, piel pecosa

---

10 **esquivo** introvertiert – 10 **agazapado** *aquí:* versteckt – 11 **precozmente** vorzeitig –
14 **talludito** *irón* erwachsen – 16 **entrañado** eingebettet – 16 **vorágine** confusión, caos –
17 **la incertidumbre** Ungewissheit – 20 **un exseminarista** ehemaliger Seminarist –
23 **el solfeo** Gesangsübung (Solmisation, Solfeggio) – 24 **rubicundo** saludable – 28 **una
ráfaga de viento** Windbö – 29 **propiciar** begünstigen – 30 **sumiso** unterwürfig –
30 **pecoso** con muchas pecas, voller Sommersprossen

y mirada lánguida, una mirada que irradiaba fervor sexual sin ella saberlo. Recién separada del dueño de un merendero de Santoña, llegó a Ibiza de la mano de un fotógrafo que la abandonó a los dos meses. Cocinaba deliciosas croquetas que vendía baratas y confeccionaba rosas de lana y vistosos adornos florales con toda clase de telas. Bruno fue un bebé deseado por Ruth, pero no por Amador, y nació en un lecho de flores donde se mezclaban y confundían las rosas de verdad y las rosas de mentira, mecido por canciones de Pink Floyd, ritos contraculturales y aromas de marihuana y de membrillo artesanal.

En el otoño de 1983, orientándose en medio de una evanescente atmósfera cargada de sexo, utopías y humo, Ruth se planteó el futuro de su hijo y el suyo propio. Harta de las descaradas infidelidades de Amador y de sus trapicheos laborales, motivo de continuos sobresaltos y disputas, propuso una separación temporal para reflexionar. Pensaba irse un par de meses a Barcelona con el niño. Silvia Fisas, una amiga desencantada de la comuna, acababa de abrir una tienda de ropa ibicenca en el barrio gótico y le ofrecía un puesto de vendedora. Amador no se opuso, aunque le pidió aplazar la marcha una semana. Prometía enmendarse. Pero dos días después, una tarde ventosa y con llovizna, se fue en bicicleta a dar una clase de yoga y ya no volvió. Ni al día siguiente ni a la semana siguiente. Entonces Ruth liquidó su pequeño negocio, cogió al niño y se trasladó a Barcelona.

Un año después recibió una postal de Amador desde Marrakech pidiéndole perdón y anunciando su próxima llegada a Barcelona y el deseo de reconciliación. Pero no apareció hasta cinco años más tarde y de paso hacia el Nepal, en cuyos montes de Mustang, según dijo, debía reunirse con una escritora mallorquina de novelas policiacas a la que había dado clases de solfeo y clarinete en una comuna de Tenerife.

1 **lánguida** débil – 1 **irradiaba fervor sexual** Sexlust ausstrahlen – 9 **mecer** wiegen – 13 **evanescente** *fig* flüchtig – 15 **un trapicheo** *coloq* krummes Geschäft – 22 **enmendarse** mejorar su comportamiento – 25 **liquidar** ausverkaufen – 31 **el Mustang** *aquí:* Königreich in Nepal

Era a primeros de junio y explicó que llevaba un mes alojado en una pensión barata del barrio de la Ribera dando clases de yoga tántrico a una cantante mexicana de rancheras. Llevaba la cabeza rapada, vestía túnica azafrán de lama tibetano y
5 cargaba en la espalda una pequeña mochila color caqui y en el pecho un sombrero charro junto con el clarinete. En la mochila podía leerse FENG SHUI escrito con rotulador. Ruth le dijo que estaba dispuesta a perdonarle todo, menos que se presentara ante su hijo vestido de mamarracho.
10   –¿Cómo puedes decir eso, mujer? – se lamentó Amador–. No nos moverán, ¿recuerdas?
   –¡Pero si no has parado de moverte en toda tu vida!
   –Si te refieres a que la he pifiado un montón de veces, sobre todo contigo, lo admito y te pido disculpas. Pero hablo de otra
15 cosa.
   –Ah. Otra cosa.
   –Hablo de nuestras convicciones, nuestros anhelos…
   –Ya. Aquellos anhelos.
   –Pues sí. Yo todavía suspiro por los lejanos jardines de
20 Córdoba.
   –Ah. De Córdoba.
   Ella no le miraba a la cara. Sonreía imperceptiblemente y se miraba las uñas. Amador recordó que eso, que escuchara sus disculpas mirándose las uñas, precedía casi siempre al perdón
25 que no sabía negarle.
   –We shall overcome, ¿recuerdas, Ruth? –añadió–. Te interesará saber que ya no fumo maría ni apestosos Ideales, soy otra persona en busca de otra persona. O viceversa. ¿Sabes?, he reflexionado sobre el asunto y estoy decidido a licenciarme
30 en budismo. –Mirándola de soslayo, calibrando su estado de ánimo, añadió en tono zumbón–: Está más que demostrado que la reserva espiritual de Occidente no es España, qué más

---

9 **un mamarracho** Vogelscheuche – 13 **pifiar** equivocarse – 22 **imperceptible** unbemerkbar – 27 **apestoso** sucio, maloliente – 30 **de soslayo** seitwärts – 31 **zumbón** coloq, aquí: neckisch

quisiéramos, y tampoco la montaña de Montserrat ni el Barça son la reserva espiritual de Cataluña, así que lo nuestro…

–Ya, bueno, ¿te quedas a cenar? He hecho macarrones.

La inesperada visita fue un trámite desagradable. Bruno
5 no podía entender que su madre recibiera a este hombre como si nada hubiera pasado. Después de saludarle ceremoniosamente, pero con mal disimulada hosquedad, el chico se había encerrado en su cuarto.

Vivían en el entresuelo del número 7 de la calle Congost,
10 en el barrio de Gracia, un piso modesto alquilado a una tía de Silvia Fisas, la amiga exhippy, en cuya tienda Ruth seguía trabajando y vendiendo sus flores de lana. Bruno, después de estudiar con desgana y poco provecho en un colegio público del barrio, estaba a punto de entrar como aprendiz en una
15 pastelería de la plaza del Sol, cuyo dueño estaba casado con una clienta de Ruth. De momento sería el chico de los recados. Amador dijo que habría preferido que su hijo optara por el clarinete en lugar de la percusión –le estaba oyendo aporrear un tambor en su cuarto–, pero un clarinete en si menor, como
20 el suyo, que exigía un oído privilegiado y una sensibilidad superior. Le mostró a Ruth un avión de papel de diario que dijo haber recogido poco antes en la calle, frente a la casa, y que pensaba llevar consigo al Nepal, porque le traería suerte.

–Mira lo que hay impreso en las alas –agregó–. Lee.
25 «Chocolate negro». Y aquí, mira: «Galletas y bizcochos». ¿Un código secreto? ¿Alguna contraseña? No, querida Ruth, un presagio, una señal del destino. El futuro será dulce. Además, juraría que este pequeño avión lo ha hecho mi hijo, porque aunque es muy tosco, es igual que los que yo le hacía cuando
30 era niño, allá en nuestras queridas playas de Shangri-La, no sé si te acuerdas…

–Para, por favor –musitó ella–. Por favor.

Intentando ocultar la tristeza de sus ojos bajo la mata de pelo ensortijado, Ruth sintió de pronto una oleada de calor

---

7 **la hosquedad** antipatía – 16 **un chico de los recados** Laufbursche – 27 **un presagio**
Vorzeichen – 29 **tosco** bruto – 34 **ensortijado** rizado

y un cosquilleo en la planta de los pies. Estaba en la playa pisando una arena cálida, escuchando el rumor sosegado del oleaje, y apartó los cabellos con la mano y ladeó la cabeza con melancólica flojera en el cuello ofreciendo el rostro a la brisa
5 marina, pero, acto seguido vio sus pies descalzos sobre las baldosas del comedor, de modo que se dio la vuelta y se fue con paso rápido al dormitorio dejando a Amador, al de ayer en la playa como al de hoy aquí, con la palabra en la boca. De los felices días de flores y mieles, ella conservaba la hermosa
10 cabellera rizada y la costumbre de andar descalza por casa. Sentada en la cama, se calzó las zapatillas con cierta premura.

Cuando volvió al comedor, Amador le dijo que tenía la piel preciosa y perfumada como siempre. También le dijo que por favor convenciera a Bruno para que dejara de tratarle de usted
15 y le tuteara, y anunció que antes de irse quería hablar a solas con el chico.

–¿Qué puñeta se propone aporreando ese tambor? –inquirió.

–Nada, supongo. Le gusta.

–¿Y por qué me llama señor Raciocinio en vez de papá?

20 Ruth reparó en sus mejillas cenicientas, inanes y mal rasuradas.

–Siempre te respetó mucho…

–¿De veras? El asunto tiene sus perendengues. ¿No le has enseñado modales? ¿Cómo se le ocurrió semejante idea?

25 –No lo sé. Pregúntaselo, está en su cuarto.

–Tendrá que escucharme. Va a cumplir quince años. Todavía soy su padre, todavía soy Amador. O viceversa.

Pródigo en añagazas para eludir responsabilidades, o para endosárselas a otros, en su voz menesterosa anidaba una
30 nostalgia arcádica, un ronroneo en la oscuridad, algo que Ruth aún captaba a su pesar. Para Bruno, sin embargo, nada

---

2 **sosegado** beschwichtigend – 3 **el oleaje** Meeresbrandung – 11 **la premura** apuro – 17 **aporrear** golpear – 20 **reparar** observar, notar – 20 **inane** inexpresiva – 23 **un perendengue** dificultad – 28 **pródigo** *aquí:* geübt – 28 **una añagaza** *fig* Lockmittel/Süßholz – 29 **endosar** transferir algo, cargar a otro – 29 **anidar** einnisten – 30 **un ronroneo** Schnurren

de eso significaba nada, salvo melindrosas argucias de gorrón.
Recordaba el dulzón y persistente olor a membrillo de sus
manos, y poco más. De modo que mientras era informado
sobre Krishna y los misteriosos avatares de una vida errante
5 en su búsqueda del Atman, el ámbito luminoso donde vive
el alma, precisó el señor Raciocinio, mientras escuchaba su
perorata decididamente plasta de pie en el umbral del cuarto
en actitud desmañada, pero esgrimiendo los palillos del
tambor frente al rostro a modo de autodefensa y con los ojos
10 entrecerrados, como sumidos en una invencible somnolencia,
en menos de un minuto aquel hombre que pretendía ser
su padre se había convertido en un vagabundo pirado, un
mangante, un ventrílocuo vendedor de imposturas y patrañas,
el superviviente peripatético de algún fracaso o de algún
15 extraño malentendido con el mundo. ¿Por qué mierda quiere
saber si ese avión de papel que ha encontrado en la calle lo he
hecho yo?

–Ni sé cómo se hacen, señor Raciocinio –alegó.

–Claro que sabes, hijo. Yo te enseñé. –Los ojos anegados
20 de agua azul le miraban con afecto–. Son cosas que nunca
se olvidan. Vuelan, pero no se olvidan. Probablemente, cada
avión que lanzas al aire, es un sueño que emprende el vuelo…

Me cago en los sueños que vuelan, me cago en todo lo que
estás diciendo que vuela, señor Raciocinio, pensó mientras se
25 golpeaba el pecho con los palillos mirando el techo con aire
distraido. Su padre se los quitó sin brusquedad, sonriendo, y
luego, en un gesto repentino que parecía obedecer más a un
desconsuelo que a una efusión cariñosa, tomó su cabeza con
ambas manos.

30 –Volar, flotar, tal vez soñar, he aquí la cuestión –dijo con una
flema insidiosa enredada en la voz–. ¿Recuerdas la canción?
Por el mar corren las liebres, por el monte las sardinas … Esto

---

1 **melindrosas argucias** *lit* dulces mentiras – 1 **un gorrón** Schmarotzer – 7 **una perorata**
sermón – 8 **desmañado** torpe – 8 **esgrimir** usar como arma – 13 **un mangante** ladrón –
13 **un ventrílocuo** Bauchredner – 19 **anegado** inundado – 27 **repentino** de repente,
aquí: jäh – 28 **un desconsuelo** Trostlosigkeit – 28 **una efusión** *fig* Geste – 31 **una flema**
insidiosa hinterhältige Trägheit – 31 **enredado** betörend

no quiere decir que todo el monte sea orégano, eso no. Pero atentos siempre al retrovisor, ¿eh?, pues hay que saber mirar al pasado si queremos ver el futuro. Porque, aunque no alcances a verlos, hijo mío, los jardines están cada vez más cerca…

5 Y una puta mierda, cabrón, se dijo él cerrando los ojos. Lo que no se ve, no existe, y lo que sueña un farsante chalado muerto de hambre, todavía existe menos, es pura filfa. Las santurronas manos posadas en su cabeza olían ahora a membrillo casero agriado, y la voz también. De pronto se
10 vio retenido en un pasado por el que no sentía más que incredulidad y desafecto, preso de unas vivencias que se negaba a aceptar, mientras esa voz a la que tampoco podía dar crédito emergía de un paisaje irreal dibujando escenas donde se confundían la ensoñación y la trapacería, lo vivido y lo
15 imaginado. Cantos y guitarras alrededor de fogatas en la orilla del mar, mariposas nocturnas revoloteando entre la humareda, muchachas de muslos dorados con flores en la cabeza. El niño hippy recibe lecciones de clarinete cabalgando a lomos de un delfín, o acunado en una barca llena de membrillos, o
20 correteando desnudo por la playa, o sobre una alfombra de margaritas y amapolas que se extiende desde su casa hasta el mar. El cumpleaños más alegre y concurrido de su madre, croquetas y tarros de mermelada artesanal en el mercadillo de Punta Arabí, y ella sentada detrás del tenderete, sola, llorando.
25 Salmos y meditaciones y su padre caminando desnudo con una larga trenza que serpentea desde la nuca hasta la oscura regatera entre las nalgas. Su colección de camisas floreadas secándose al viento en el tendedero de Arenas Blancas. Sus manos sobre el clarinete moviéndose como dos arañas rubias
30 y peludas…

Ahora, explicándole cómo enamoró a su madre en un tiovivo, ella cabalgando un tiburón y él una sardina, se oyó un

---

5 **un cabrón** *vulg* Dreckskerl – 6 **un farsante chalado** *coloq* mentiroso demente – 7 **una filfa** *coloq* mentira – 8 **un santurrón** puritano – 11 **la incredulidad** resistencia a creer – 11 **un desafecto** aversión – 14 **la ensoñación** fantasía – 14 **una trapacería** engaño – 16 **una humareda** Rauchwolke – 21 **una amapola** Mohnblume – 24 **un tenderete** puesto – 27 **una regatera entre las nalgas** *cat, coloq* Pofalte

estrépito de loza, un plato o una taza rompiéndose en pedazos contra el suelo de la cocina, y la voz apagada de Ruth, como si hablara consigo misma:

–Mentira.

5 Sin que se alterase su semblante risueño, mientras miraba los palillos del tambor en sus manos como si de repente no supiera qué hacer con ellos, Amador aguzó el oído por si llegaban más comentarios.

–No pasa nada. En Ibiza siempre se le caía algún plato, ¿te 10 acuerdas?

–No, señor.

–No me llames señor, puñeta. Te decía que tiene flojera en las manos, tu madre.

–Ya.

imp. de subjuntivo

15 Le dolía que Bruno no le invitara a pasar a su cuarto, que mantuviera bloqueada la puerta con la espalda y un pie apoyados indolentemente en la jamba, pero lo que más le dolía era que le negara el tuteo y se dirigiera a él por el segundo apellido, tan pretencioso y altisonante.

20 –En fin, hijo, lo que te he contado es lo que pasó.

–¿De verdad?

–Totalmente. Palabra por palabra.

–Ya.

–Es tu vida. Y no tienes por qué lamentarte ni avergonzarte 25 de nada. Te lo digo yo.

–Ya.

–Entonces, ¿qué te pasa?

–Pues verá, no sabría explicarle. No, en serio. Es que… es que no sé de qué me habla.

30 Amador resopló, paciente. Era un hippy veterano y pragmático, acostumbrado a suscitar recelos.

–¿Cuándo te enterarás de algo, muchacho? A ver, ¿tu madre no te ha hablado de nuestra vida en común allá en la isla?

---

1 **un estrépito de loza** ruido de porcelanas – 5 **risueño** heiter – 12 **puñeta** *loc* verdammt! – 17 **indolente** apathisch – 17 **una jamba** Fensterpfosten – 19 **altisonante** selbstgefällig

–Bueno, sí, un poco. Pero es que no es eso. Lo que pasa…
–vaciló un momento–. Verá usted, señor Raciocinio, es que no
me lo puedo creer. ¿Qué quiere decir eso que lleva escrito en la
mochila, *feng shui*?

5 –Quiere decir agua y viento, la fuerza telúrica del globo
terrestre.

–Ah, vale. De verdad, lo digo en serio, me gustaría creer en
todo eso, pero verá…

–Mira, hijo, te diré una cosa. En este mundo, los que no
10 creen en nada tampoco se libran de sus angustias. Yo no sé si
creer en Dios o en el diablo sirve de algo, lo que sé es que el
agua y el viento están ahí por alguna razón…

–Sí, pero es que todo eso que me cuenta usted, perdone que
se lo diga, pero… no me lo puedo creer. Es lo que pasa.

15 –Lo que pasa es que te has hecho mayor antes de tiempo –
dijo Amador–. A saber qué te contaría tu madre. Las mujeres
son un enigma, ¿sabes?, sobre todo las que nos quieren
proteger. Pronto serás un hombre, así que voy a decirte algo
acerca de ellas. Nunca olvides… ¿Me escuchas?

20 –Sí, señor.

Poco después, cuando Ruth los convocó para cenar, Amador
se metió en el cuarto de baño con su mochila y los palillos
del tambor y estuvo allí encerrado más tiempo de lo normal.
Bruno le oyó sonarse ruidosamente la nariz varias veces. Poco
25 después le oyó hacer gárgaras, muy sostenidas y en diversos
tonos. Ruth parecía no querer enterarse. El chico reparó en
el aspecto abatido de su madre y temió que pudiera echarse
a llorar en cualquier momento. Le dijo que no quería sentarse
a la mesa con el señor Raciocinio, que estaba mareado y se
30 iba a dormir, y no atendió sus ruegos de que por lo menos
se despidiera. Volvió a su cuarto y dejó la puerta abierta para
escuchar lo que hablaban en el comedor.

Durante la cena predominó la voz de él, enredado en largas
explicaciones sobre confusos proyectos de viajes, epifanías

---

5 **telúrico** tellurisch (die Erde betreffend) – 17 **un enigma** misterio – 25 **hacer gárgaras**
gurgeln

y nuevas formas de ganarse la vida basándose en analogías, espejos y correspondencias, tercamente empeñado en que todo eso debía tener algún sentido tántrico, hasta que, repentinamente, confesó que de todos modos, para algunas
5 cosas, empezaba a sentirse viejo, cansado y vulnerable. Le dijo que siempre que tocaba con el clarinete la canción que a ella tanto le había gustado, aquella que dice «aquel cerezo rosa que creció en un rincón de tu jardín», pensaba en sus pechos de manzana. Hubo unos minutos de silencio, que rompió una voz
10 casi inaudible con palabras que parecían de consuelo, luego las patas de una silla chirriando sobre las baldosas, otro largo silencio –mierda, ¿se estarán besando?, pensó– culminado en un sollozo, ¿de quién?, y a partir de ahí la voz de él ya no fue la misma:
15 «Quiero que sepas que te agradezco la acogida, Ruth. No esperaba menos de ti... –Otro bajón en el tono, y ya no quedaba ni rastro de aquella cadencia arcádica–. Os he decepcionado un poco, lo sé. Un hombre ha de ser responsable de sus asuntos. Pero es que yo no tengo asuntos, nunca los
20 he tenido, yo tengo... caminos. Y mi peregrinaje es silencioso y extraño, como el de las arañas, que tanto miedo te daban cuando vivíamos juntos, ¿recuerdas? Sé a donde voy, siento el latido del universo en mis sienes. Este nuevo viaje, por ejemplo... Aunque ahora, vamos a ver, es probable que tarde
25 algún tiempo en irme, antes debo ocuparme de algunas cosas. Tampoco hay ninguna prisa, en fin, no sé, la verdad es que no hay nada decidido...» –Otro sollozo, también sin identificar y añadió–: Por favor, Ruth, no hay por qué lamentarse. En realidad, todo está un poco en el aire, ¿sabes? Ahora mismo, la
30 pensión donde me alojo, tan recomendada por unos amigos, y por cierto, vaya antro de mala muerte, bueno, pues resulta que además está en obras, y no es que yo me angustie fácilmente, pero podría ocurrir cualquier cosa y encontrarme mañana en

---

4 **repentinamente** plötzlich – 15 **la acogida** Gastfreundschaft – 16 **un bajón** Einbruch, Senken – 17 **arcádico** *lit* arkadisch, malerisch – 20 **un peregrinaje** Wallfahrt – 31 **un antro de mala muerte** *loc* schäbige Unterkunft

medio de la calle… ¿Crees que podrías… que podrías alojarme aquí provisionalmente, Ruth? ¿Sólo un par de días o tres, querida Ruth?».

De nuevo el chirrido de las patas de la silla y un largo
5 silencio. Bruno aguzó el oído esperando la respuesta de su madre.

–Por mí… –empezó ella, y luego de una pausa–: Pero me temo que no puede ser.

–¿Por qué no? Sólo por unos días…
10 –Tu hijo no ha olvidado y no te acepta. ¿O no te has dado cuenta?

–Hum. El chico es un poco insolente, ¿no crees?

Silencio.

–Pero nunca miente –musitó Ruth.
15 –Está cabreado con todo. Y es una lástima. La vida es demasiado corta para estar cabreado todo el tiempo. Díselo. –Y en tono conciliador añadió–: Jamás le levanté la mano, tú lo sabes. En la cabaña de la playa lo pasamos bien los tres, a que sí. Si crees en el karma, todo vuelve, todo volverá a ser como
20 antes… Te daban miedo las arañas, ¿recuerdas? Dime una cosa, Ruth… tú fuiste feliz allí, ¿verdad?

De nuevo silencio. El siseo de un sifón en un vaso.

–¿Aún tienes aracnofobia, querida Ruth?

La respuesta tardó un poco.
25 –¿Eso qué es? Algo malo, seguro.

–Oh, no, una palabra nueva –otra pausa–. Tú siempre le tuviste miedo a lo nuevo, ¿verdad, Ruth?

Poco después optó por irse, pero antes se encerró otro rato en el baño. Se despidió de su hijo en el pasillo y a través de la
30 puerta, que Bruno no abrió pese a los insistentes ruegos de Ruth, y sólo se oyó un «adiós» sordo, como si el chico hablara bajo un montón de sábanas. Escenificando una ejemplar entereza de ánimo, Amador le ordenó a Ruth que no insistiera, y ella, nadando en un mar de dudas, sumisa, resignada una

12 **insolente** unverschämt – 15 **cabreado** *colq* enfadado – 23 **aracnofobia** Arachnophobie – 34 **sumiso** unterwürfig

21

vez más a su fragilidad, lo acompañó en silencio al recibidor, donde lo obsequió con un fular azul con topos blancos que anudó alrededor de su cuello, le besó en la mejilla y después le abrió la puerta. El hippy irreductible se despidió sin muchas
5 palabras y manteniendo a duras penas el aire pistonudo de sus mejores años, el clarinete en bandolera y la sonrisa esforzadamente indemne en el rostro devastado, quemado por el sol de la derrota.

Al día siguiente, en el cuarto de baño, Bruno recuperó uno
10 de los palillos del tambor. El otro no lo encontró. Pasado un tiempo, de todo cuanto su padre hizo y dijo esa noche, sólo recordaba el palillo perdido y aquel inesperado consejo, que parecía contener una disculpa y una adivinanza a la vez, acerca de lo que uno siempre anda buscando en las mujeres y
15 lo que acaba encontrando.

---

2 **un fular** pañuelo para el cuello – 7 **devastado** destruido

Capítulo 2

Dos meses después, un caluroso sábado de principios de agosto, Bruno salió de la pastelería Rosich y Hnos. de la plaza del Sol, en la que ya trabajaba desde hacía tres semanas, y caminaba hacia su casa cuando se vio de pronto pisando una calle sembrada de aviones de papel. Aturdido por el sol implacable de las dos de la tarde y un poco mareado por el olor dulzón que traía consigo de la pastelería, al ver allí esparcidos por el suelo tal cantidad de aviones temió ser presa de una alucinación o un espejismo, pero al verificar el rótulo de la calle constató que no soñaba ni se había extraviado: estaba en su propia calle, la corta y estrecha calle Congost, sin asfaltar y con aceras descalabradas. Los pequeños aviones cubrían parte del arroyo frente a su casa, había como treinta o más y estaban hechos toscamente con páginas de periódicos y de viejos tebeos. No eran de los estilizados y aerodinámicos, sino plegados según el modelo antiguo, con alas, doble morrito picudo y cola enhiesta. Sin salir de su aturdimiento, vio uno que caía en picado en medio de la calle y otro que planeaba y aterrizó a sus pies. Lo cogió y leyó en las alas: «Hoy, Chocolatada Infantil en el Parque Güell».

Se paró un instante y miró alrededor. No pasaba nadie. La música de una radio salía de la ventana de la señora Candelaria. Creyó oír la voz cascada de un loro y levantó los ojos al balcón rebosante de geranios y claveles de la anciana señora Pauli. Cegado por el sol, alcanzó a ver el brazo desnudo y flaco retirándose de la barandilla después del primer impulso, la mano abriéndose en el aire y liberando otro pequeño avión de papel que emprendía un corto vuelo hacia arriba, contra el azul intenso y luminoso; allí el avión pareció detenerse un instante y girar, como un pájaro desorientado,

---

3 **Rosich y Hnos** Gebrüder Rosich (Firmenname) – 9 **esparcido** verstreut – 10 **un espejismo** Fata Morgana – 11 **extraviarse** desorientarse – 13 **descalabrado** dañado – 14 **un arroyo** Bach – 15 **toscamente** *fig* de manera descuidada – 16 **un tebeo** Comicheft – 18 **un morrito picudo** spitze Nase (bei Flugzeugen) – 18 **enhiesto** levantado – 18 **un aturdimiento** confusión – 29 **emprender** iniciar

para caer acto seguido en barrena sobre la calle, mientras el brazo de la vieja todavía alzado desaparecía del balcón.

Poco después Bruno entraba en casa. Su madre le oyó llegar desde la cocina.

5 –La señora Pauli que subas a verla.

El chico colgó la chaqueta en el respaldo de una silla y se quedó parado, con los ojos en el suelo. La mesa ya estaba puesta.

–¿Ahora?

10 –Quiere hablar contigo.

–¿Para qué?

–No me lo ha dicho. –Ruth salió de la cocina acalorada y atándose el pelo en la nuca con una cinta. Indicó una vieja bufanda de lana roja colgada en el respaldo de una silla–. De

15 paso le llevas esta bufanda. Comeremos cuando vuelvas.

Bruno chasqueó la lengua, contrariado.

–Qué chaladura se le habrá ocurrido esta vez. Cada día está más pirada.

–Ya sabes que no me gusta que digas eso, hijo.

20 –¿Has visto qué hace con los tebeos que le regalaste?

–Lo he visto.

–Los rompe para hacer aviones de papel.

–Vaya, como si te importara mucho.

–Eran míos.

25 –Pero si los tenías olvidados en un cajón. Tú ya no lees nada de eso, ya eres mayorcito.

–¿Y por qué le ha dado por tirar aviones?

–Dice que son para los niños que juegan en la calle. Qué quieres, se entretiene con eso, pobre mujer.

30 –El jueves tiró galletas. El perro del señor Amadeo se las comió.

–Bueno, anda, coge la bufanda y sube a ver qué quiere –le ordenó su madre–. Y vigila, sobre todo si está fumando. El

---

1 **caer en barrena** ins Trudeln geraten – 12 **acalorado** hitzig – 16 **chasquear** schnalzen – 16 **contrariar** nerven – 17 **una chaladura** *aquí:* verrückte Idee – 18 **pirado** *coloq* loco

otro día apagó la colilla en una madeja de lana. Espera un momento –dijo viendo que ya se iba–. Llévale unas nueces, le gustan mucho.

–Las tirará por el balcón. Seguro.

5   Su madre le miró con expresión severa.

–A ver. Vas a ser amable con ella, ¿de acuerdo?

Casi todo lo que sabía de la extravagante inquilina del segundo primera lo sabía por su madre y por cotilleos del vecindario. En el barrio era conocida como la señora Pauli y muchos
10 creían que era un diminutivo de Paulina, pero en realidad se llamaba Hanna Pawlikowska. Había nacido en Varsovia, tenía setenta años y llevaba casi cincuenta en Barcelona. Ruth decía que había tenido una triste vida de película. Llegó muy joven huyendo de la guerra y trabajó como bailarina en las revistas
15 musicales del Paralelo. Contaba que allá en su país, en Polonia, cuando la invasión alemana, sus padres y casi toda su familia fueron recluidos en campos de exterminio y nunca más volvió a verlos, y que se acordaba mucho de un novio que tuvo, alto, rubio y muy deportivo, del que no supo de cierto si murió en
20 las vías de la estación Gdánski o en el frente o si también fue deportado a Treblinka.

En las navidades de 1941 Hanna escapó de Varsovia por los canales del alcantarillado con la ayuda de un oficial alemán que se enamoró de ella y al que abandonó en la frontera suiza,
25 y después de muchas peripecias consiguió llegar a Zúrich y reunirse con Irena, su hermana mayor, casada con el pianista de una compañía vienesa de revistas musicales y operetas que estaba de gira por Europa. Hanna tenía entonces veintiún años, había recibido clases de danza, era muy guapa y tenía
30 bonitas piernas, de modo que al año siguiente, cuando la compañía de revistas vino a España, ella ya formaba parte del

---

1 **una colilla** Zigarettenkippe – 1 **una madeja de lana** Wollknäuel – 7 **un inquilino** Mieter – 7 **el segundo** (*piso*) **primera** (*vivienda*) erste Wohnung, zweiter Stock – 8 **un cotilleo** Klatsch und Tratsch – 16 **cuando** *conj concesivo* **la invasión alemana** während der deutschen Besetzung – 23 **un alcantarillado** Kanalisation

cuerpo de baile. La compañía se llamaba Los Vieneses y sus actuaciones en Barcelona tuvieron tanto éxito que decidieron quedarse. Durante muchos años estrenaron revistas en el teatro Victoria del Paralelo, hasta que la compañía se disolvió.
5 Irena y su cuñado fallecieron hace tiempo y hoy nadie del mundo del espectáculo parecía acordarse de la bailarina Hanna Pawli, según se anunciaba en los carteles. Era soltera, vivía sola con un loro azul al que llamaba Jacinto y el único familiar que le quedaba era una sobrina que vivía en la
10 barriada de Sarriá y venía a verla dos o tres veces al mes. La anciana contaba con su magra pensión y obtenía algún dinero extra confeccionando flores de lana que su vecina Ruth le había enseñado a tejer aprovechando bufandas y jerséis viejos. Aún podía valerse por sí misma, pero subir y bajar escaleras la
15 fatigaba mucho, y de vez en cuando Bruno, por imperativo de su madre, se ofrecía para ir al colmado o a la farmacia, o para limpiar la jaula del loro a cambio de una propina.

Siempre subía los peldaños remolón y cabeceando su descontento. La empinada escalera recibía un rayo de sol que
20 se filtraba por la claraboya, pero aun así era bastante oscura. Las nueces entrechocaban en la pequeña bolsa de rejilla con un sonido hueco y medroso, como de gallinas cloqueando. Se sentó en el último escalón, sacó una nuez de la bolsa y la partió pisándola con el zapato, cuidando de no aplastarla.
25 Con el rugoso fruto en la boca volvió a pensar en su forma tan fea, parecida a un cerebro humano disecado, y ahora lo asoció confusamente a las cosas raras que solía hacer y decir la señora Pauli. Terminaba de masticar la nuez cuando llamó al timbre. No tardó en oír el ágil taconeo al otro lado.
30 –¿Quién es? –dijo una voz mimosa tras la puerta.

–Soy Bruno, el chico del entresuelo.

---

11 **magro** *fig* klein, mager – 15 **por imperativo de su madre** auf Befehl seiner Mutter –
16 **un colmado** *Esp* Lebensmittelgeschäft, Tante-Emma-Laden – 18 **un peldaño**
Treppenstufe – 20 **una claraboya** Dachluke – 21 **entrechocar** aneinanderstoßen –
21 **una bolsa de rejilla** Netzbeutel – 22 **hueco** hohl – 22 **medroso** beängstigend –
26 **disecado** ausgetrocknet – 31 **un entresuelo** Zwischenstockwerk

–¿El entresuelo? ¡Huy, no debes quedarte ahí, niño! O se está por encima del suelo o por debajo. Así es la vida.

–Ya.

La puerta permaneció cerrada. La voz mimosa insistió:

5 –Entonces, ¿qué haces en el entresuelo? ¿Subes o bajas?

Bruno se armó de paciencia. No era la primera vez que la oía a la vieja loca hablar del entresuelo como si fuera una adivinanza. Nunca vio claro si era una broma o lo decía en serio.

10 –Subo porque mi madre me ha dicho que suba, señora Pauli. Nada más que por eso.

La puerta se abrió liberando una fragancia a polvos de talco y asomó una carita arrugada con una sonrisa de oreja a oreja.

–Pasa, cariño. Tengo que pedirte un favor.

15 Debido quizá a la penumbra del piso, aunque también le pasaba a plena luz del día, Bruno tenía siempre la impresión de ver en la cara de la anciana más rasgos de los que había, como si el rostro se moviera debajo del agua pugnando por fijar una imagen estable. De ojos chispeantes, menuda y

20 con la espalda muy tiesa, envarada toda ella y con una boca grande brillante de carmín, en general su aspecto era el de una cacatúa emperifollada y presumida. El pelo negro recogido en un moño y estirado en las sienes hacía resaltar las pequeñas orejas. Los ojos oscuros de muñeca, ribeteados de pintura, y

25 los párpados asiáticos, dulcemente pesarosos, pestañeaban risueños y cansinos, tiznados de un azul casi negro. Vestía una bata malva de satén con cenefas rojas y se ayudaba con un bastón de puño marfileño. No mostraba fatiga alguna propia de la edad, todo lo contrario, se desplazaba rápida y segura y

30 con un sobrante de energía mal controlada y un tanto abrupta, como un remedo del paso suspendido de la cigüeña, que hacía del bastón un adorno o un complemento de su coquetería más que un apoyo.

19 **unos ojos chispeantes** *pl* strahlende Augen – 20 **tieso** firme – 20 **envarado** de manera arrogante – 22 **una cacatúa** Kakadu – 22 **emperifollado** *coloq* gestylt – 22 **presumido** eitel – 27 **una bata malva** blasslila Negligé – 27 **una cenefa** Borte – 28 **marfileño** aus Marfil (Holzart)

–Ven conmigo –dijo, dándole la espalda.

La siguió por el pasillo en penumbra, un breve trayecto entre paredes que lucían un raído empapelado y una doble hilera de fotografías enmarcadas, a las que siempre solía prestar alguna distraída atención. En casi todas, el mismo conjunto de coristas en un escenario, piernas al aire y muchas plumas y lentejuelas, o vestidas de calle y posando sonrientes en la puerta del teatro Victoria, cenando en un restaurante, dando de comer a las palomas en la plaza de Cataluña o subiendo todas juntas y alborotadas a una «golondrina» del puerto. Alguna vez Bruno se había parado a mirar la fila de bailarinas que levantaban la pierna al unísono a la luz de las candilejas, preguntándose cuál de aquellas alegres muchachas podía ser la señora Pauli cincuenta años atrás. También había cómicos y músicos con esmoquin blanco posando sonrientes en fotos de estudio, todas dedicadas y firmadas. Y hoy, una vez más, retuvo la mirada en el perfil aguerrido de un joven boxeador, torso lampiño y puños desnudos en guardia, posando en una vieja fotografía de colores desvaídos con dedicatoria ilegible y una fecha: Warszawa, 1939. Era la única que tenía un marco dorado. En el ángulo superior derecho de la foto se veía una jaula con un periquito o un canario de color amarillo subido y un cartelito con su nombre: Janek. Siempre que miraba esta foto al pasar, Bruno se preguntaba qué extraño vínculo afectivo podía haber entre un púgil y un periquito.

Cuando entró en el comedor, cuyo balcón sobre la calle se abría a una cegadora explosión de luz, el loro se balanceó sobre el respaldo de una silla y soltó un gruñido.

–Tranquilo, Jacinto –dijo la señora Pauli blandiendo el bastón–. Es nuestro amigo, el chico del entresuelo.

–¡Córcholis! ¡Córcholis! –graznó Jacinto.

La señora Pauli tendió el dedo artrítico, el loro lo agarró y fue trasladado a su jaula colgada en un perchero.

---

6 **una corista** Revuesängerin – 15 **un esmoquin** Smoking – 25 **un púgil** boxeador – 25 **un periquito** Wellensittich – 29 **blandir** schwingen – 31 **¡córcholis!** *coloq* Donnerwetter!

Un tedio estival y blanquecino, como de otra época, flotaba en la estancia igual que un polvillo luminoso, y Bruno siempre se introducía en él con indolencia no exenta de recelo. Una mesa redonda y alrededor tres sillas de rejilla, un sofá con
5 muchos almohadones y flecos, la mesita en un rincón con el viejo tocadiscos, el perchero de pie con el loro, más fotografías de la farándula enmarcadas, la estantería con algunos libros y el vetusto aparador con su gran espejo exhibiendo profusión de platos y tacitas de cerámica.

10 –De parte de mi madre –Bruno le entregó la bufanda–. Dice que es lana de primera.

–Oh, gracias, cariño.

La señora Pauli dejó la bufanda en el sofá, junto a una madeja de lana y dos agujas de hacer punto, y se miró en el
15 espejo del aparador. Comprobó el estado del moño, se tocó una pestaña y se ajustó la bata. Bruno aún tenía la bolsa de nueces en la mano cuando ella, mirándole con picardía, se la arrebató y se dirigió al balcón a toda prisa. Al llegar junto al desbaratado sillón de mimbre rodeado de macetas se encaró
20 a la calle sonriendo y su pequeña mano huesuda y salpicada de manchas se avanzó en el aire como lo haría una invidente o una sonámbula, o como si entrara a tientas en algún dominio mágico, hasta dar con el herrumbroso barandal.

–No te acerques, niño –dijo–. Es mejor que no veas lo que
25 hay abajo.

Bruno pensó en los aviones de papel estrellados.

–Mi madre me ha dicho que quería usted verme.

La anciana apoyó el bastón en la mata de geranios y permaneció de pie mirando la calle. Un sol de castigo caía a
30 plomo sobre el balcón, los claveles rojos y amarillos que se enredaban en los balaustres parecían crepitar y el sillón de mimbre también. Bruno miraba a la señora Pauli diciéndose tiene el coco chamuscado, claro, tantas horas sentada al sol en

---

1 **un tedio estival** *fig* nube de cansancio – 1 **blanquecino** weißlich – 3 **exento** libre, sin – 7 **la farándula** Komödiantentum – 18 **arrebatar** quitar – 19 **desbaratado** roto – 22 **una sonámbula** Schlafwandlerin – 23 **herrumbroso** rostig – 33 **un coco** *coloq* cabeza – 33 **chamuscado** verkohlt

este sillón tejiendo rosas de lana y pensando en las musarañas, mientras ella desgarraba la bolsa de rejilla con sus uñas lacadas de rojo vivo. La vio mover la mano en el aire, como si apartara una telaraña que le impidiera captar alguna señal o
5 escuchar una voz lejana en medio del rumor de la ciudad, y enseguida esa mano temblorosa empezó a sacar nueces de la bolsa y las fue tirando a la calle una tras otra.

Es para mondarse, pensó Bruno. Por lo menos alguien se dará un atracón de nueces. Como si le hubiera oído, la señora
10 Pauli murmuró:

–Las repartirá entre la pandilla. Son buenos chicos.

Había cierta disonancia en su voz, y también una resonancia atonal, como si hablara en un ámbito cerrado. Después su mano soltó el barandal bruscamente, recuperó su bastón y
15 entró de nuevo en el comedor. Una esbelta copa de cristal, en la mesita del rincón, exhibía dos gardenias de seda con los tallos de alambre entrelazados, y la señora Pauli se paró a mirarlas diciendo:

–Estas son para mí. Las hice de unas viejas bragas de seda.
20 Tengo pensado hacer un ramo de novia con gardenias y orquídeas de shantung. El ramo de novia que no tuve, cariño.

Bruno carraspeó, impaciente.

–¿Quería usted verme, señora Pauli?

–Ya tenemos aquí las vacaciones –dijo ella volviéndose a él y
25 como si acabara de ocurrírsele–. ¿Verdad, cariño?

–Yo todavía no –se lamentó Bruno–. No empiezo hasta la semana que viene.

–¿La semana que viene? ¡Estupendo!

–Y sólo me dan quince días.
30 –¡Estupendo, estupendo! –la sonrisa, en sus labios de brillante rubí, se mantenía amplia, tensa, juvenil–. Tengo un trabajito para ti. Y bien pagado. Qué te parece, ¿eh?

Ya sé, limpiar la jaula del loro, pensó. Pero cuando escuchó el encargo no supo qué responder. La señora Pauli le proponía

---

1 **pensar en las musarañas** *loc* abwesend, mit den Gedanken woanders sein –
8 **mondarse** *coloq* reírse con ganas – 8 **darse un atracón** *coloq* ohne Maß essen –
22 **carraspear** sich räuspern

recoger los aviones de papel que viera tirados en la calle, los que no se hubieran roto, y devolvérselos. Le daría cincuenta céntimos por cada avión que le trajera en buen estado.

–Volveremos a lanzarlos. Los sueños pueden volar muchas
5 veces –añadió–. Tantas veces como haga falta. Vale la pena, ¿no crees?

–Claro.

–La segunda vez vuelan mejor.

–Ya.

10 De pronto recordó la maldición que dedicó un día al gorrón y cuentista de su padre: Me cago en los sueños que vuelan, señor Raciocinio, me cago en todo lo que no se ve, porque no existe precisamente porque no se ve…

–Lo que ocurre es que ellos a veces no los han visto volar –se
15 lamentaba la señora Pauli–. O ese día ha llovido, o ha pasado la escoba de la señora Casilda, o el carro de la basura, y se los ha llevado. Pero se pueden recuperar muchos. De todos modos necesito hacer más y me hacen falta muchos periódicos… ¿Podrías conseguirme periódicos, muchacho? Yo no puedo,
20 bajar y subir escaleras empieza a ser un martirio para mis piernas, y con Érika mejor no contar. Porque hay que ver la sinvergüenza de mi sobrina, la conoces, ¿no?, la hija de mi hermana Irena, una deslenguada que presume de saber tratar a los hombres… ¡Los hombres de su vida, dice ella, ja! Fíjate, se
25 acaba de separar de su segundo marido y ahora vive con uno que dice que trabaja en un periódico, ¿pues quieres creer que cuando Érika viene a verme es incapaz de traerme ni una hoja de periódico?

Bruno recordaba con agrado las visitas de Érika Korpinski a
30 su tía. Contaba chistes, le daba cacahuetes al loro Jacinto y le enseñaba a decir palabrotas. La hija de Irena, una cuarentona llamativa y efusiva, nacida en Barcelona y más catalana que polaca, solía decir la señora Pauli, no se sabía si como

---

10 **un gorrón** zángano, vago – 11 **me cago en** *coloq* sentir desprecio por up – 22 **un sinvergüenza** Lump – 23 **deslenguada** ordinaria / vulgär – 31 **una palabrota** Schimpfwort – 32 **efusivo** amable, cariñoso

elogio o reproche, a Bruno se le antojaba el tipo de mujer independiente, desembarazada y espontánea que le habría gustado como amiga predilecta de su madre.

–¿Me escuchas, cariño? –dijo la señora Pauli, viéndole
5 distraído–. Te decía que ni un solo diario es capaz de traerme esa descarada… De modo que ya sabes, búscame diarios. Necesitamos muchos, porque hay que seleccionar lo bueno y dejar fuera lo que sólo anuncia desgracias, guerras y miseria, que es lo que hay en la mayoría de las páginas, ¿me entiendes,
10 muchacho?

Todos los diarios que pudiera conseguir, viejos o nuevos, precisó, daba igual, todos valían.

–Y te daré otros estupendos cincuenta céntimos por cada uno –añadió–. Es una ganga, ¿no te parece? Porque, a ver,
15 ¿en qué podríamos emplear la vacaciones mejor que en eso, cariño? ¿Imaginas cuántas pesetas vas a ganar?

Él no veía la ganga por ningún lado, pero dijo que bueno, que lo pensaría. Se despidió y de vuelta a casa, bajando las escaleras, se preguntó de dónde puñeta iba a sacar diarios. El
20 capricho da la vieja sólo sería rentable si conseguía muchos, y solamente contaba con el que su madre solía llevarse de la tienda y alguno que él podía birlar de la pastelería Rosich y Hnos. y del bar Trébol, aunque también, claro, con los diarios que la gente tiraba en las papeleras de la calle, si es que no le
25 daba vergüenza ponerse a rebuscar en las papeleras como un indigente…

---

3 **predilecto** preferido – 6 **un descarado** Schnösel – 19 **de donde puñeta** *fam* woher zum Teufel

33

Capítulo 3

Bruno tenía pocos amigos de su edad y escaso trato con ellos. El primer día de vacaciones, al salir de casa por la mañana, un reflejo del sol rebotado de alguna ventana lo cegó
5 durante un instante y sus pies tropezaron con las piernas de un muchacho sentado en la acera con la espalda apoyada contra la pared. No lo conocía, nunca lo había visto por el barrio. Tenía al lado un macuto astroso y unas cuantas hojas extendidas del diario *La Vanguardia*, sobre las que exponía su
10 mercancía de segunda mano: una linterna eléctrica, unas gafas de sol, un sacacorchos metálico, una armónica, un lupa y un mechero de plástico con la cara de Betty Boop. De unos quince años, canijo, cabeza rapada, narizotas y orejas de soplillo, le rondaba un aire de murciélago y su aspecto no parecía muy
15 saludable. En medio de la calle, otro chaval de unos diez años, pantalón corto y tirantes sobre el torso desnudo, trastabillaba sobre unos patines intentando mantener el equilibrio. A uno de los patines le faltaba una rueda. Lucía también cabeza rapada y con costras verdes, como tocada por alguna
20 infección.

–¡Cuidado, Oskar! –dijo el niño murciélago con voz de pito. Y a Bruno–: Es mi hermano. ¿Qué, me compras algo?

Él no consideró necesario ni prudente disculparse por el tropiezo y centró su atención en la magra mercadería.

25 –¿Eres de por aquí? –inquirió–. Nunca te había visto.

–Vivo cerca. Venga, escoge, tengo de todo.

–¿A qué cole vas?

–¿Cole? Yo recojo chatarra, nano. Bueno, ¿me compras algo o qué?

30 –No sé. Todo esto no vale un pito. Déjame ver.

En cuclillas, examinó la linterna y luego la armónica. Ni la una ni la otra funcionaban. La lupa no tenía mala pinta. El

---

8 **un macuto** mochila militar / Tornister – 8 **astroso** sucio y roto – 13 **una narizota** Zinken, große Nase – 13 **unas orejas de soplillo** Segelohren – 28 **nano** *de enano* chaval (Junge) – 30 **un pito** no vale nada – 31 **en cuclillas** hocken

cráneo rasurado del vendedor tenía forma de zepelín y olía a desinfectante. Bruno se quedó pensativo.

–Me interesa el diario –dijo de pronto.

–¿El diario? ¿Para qué puñeta lo quieres? Bueno, te lo regalo, pero cómprame algo.

–¿De dónde lo has sacado? ¿Tienes más?

Le hizo una propuesta. Le compraría la lupa, pero a pagar más adelante y a condición de que le proporcionara diarios. Se sentó amigablemente con él y le dijo que los buscaba para una vieja polaca un poco mochales amiga de su madre que se pasaba el día hablando con un loro azul y tirando aviones de papel de diario por el balcón. Y que le pagaba algo, no mucho, una miseria, por cada avión que recogía.

–Ahora tengo vacaciones y podré coger más, si tú me traes diarios –dijo.

–Pero qué dices. Yo trabajo con cosas de valor, colega.

Bruno le preguntó su nombre, y si era la primera vez que instalaba su mercancía aquí.

–Los chavales de esta calle estáis en babia –masculló el precoz mercachifle–. ¿De verdad no sabes quién soy, nano? ¿Nunca has oído hablar de los hermanos Rabinad? ¿O del Cocoliso, que soy menda? Pues aquí nos tienes, presente y en persona.

Vendía sus cosas más preciadas porque necesitaba dinero para comprarse un casco de motorista, explicó, y que se llamaba Jan, pero todo el mundo le decía el Cocoliso. Añadió que dentro de poco entraría a trabajar en un taller mecánico y de mayor sería piloto de motos de carreras. Su padre guardaba un almacén de chatarra en la calle Tres Señoras y su hermano el patinador tenía unas cicatrices muy malas en la piel y en el coco y el médico le había recetado baños de sol, y por eso venían a esta calle, porque era una calle tranquila y no pasaban coches y Oskar podía patinar sin peligro.

19 **estar en babia** *loc coloq* zerstreut sein – 19 **mascullar** murmeln – 20 **un mecanchifle** *despect* kleiner Kaufmann – 22 **un menda** *Esp coloq* persona sin nombre, tipo – 29 **la chatarra** Schrott

Menudo cuento, pensó Bruno, estos vienen porque han visto caer nueces y galletas del balcón. Observaba sus cabezas mal rapadas, cenicientas y con alguna pupa, infectadas de una miseria extraña, como de tiempos pasados y sin posible cura,
5 pero asumida por ellos tranquilamente, cuando de repente un avión de papel cayó a su lado.

–¿No te lo había dicho? –Bruno lo cogió–. Mira cómo está hecho, con una hoja de periódico. La señora Pauli hace miles de aviones, es su manía, y siempre marca palabras con un
10 lápiz. Mira, lee lo que pone aquí, en las alas.

El Cocoliso le quitó el avión de las manos y leyó: «Llega "La Ciudad de los Muchachos"». Enseguida cayó otro avión con otra pequeña noticia en el costado: «Los jugadores del Barça regalan juguetes a los niños enfermos».

15 –¿Lo ves? –dijo Bruno.

–¿Y qué?

–Pues eso, que la tía está pirada. A veces los lanza por la noche, pero a la mañana siguiente el barrendero no deja ni uno, los barre sin darme tiempo a cogerlos. Si vienes temprano
20 verás caer muchos en esta calle… Oye, se me acaba de ocurrir una idea. ¿Quieres ganarte unas pelas?

–Claro.

–Te doy cinco céntimos por cada avión que recuperes.

Los ojos rapaces del Cocoliso, cercados de sombrajos y con
25 alguna legaña, eran como estiletes.

–¿Y para qué quieres tú esos papeluchos, colega?

–Son para la vieja. Los que no se han estropeado al caer, los vuelve a lanzar.

El Cocoliso parpadeó, receloso.

30 –¿Y sólo me das cinco céntimos por avión, garrapo? ¿A cuánto te los paga la loca?

Bruno observó el mal estado de sus dientes.

–Diez, venga.

–Veinte.

1 **menudo cuento** *coloq* Was für eine Geschichte! – 3 **una pupa** *fam coloq* Wehwehchen – 17 **pirado** *coloq* durchgeknallt – 21 **unas pelas** *pl Esp coloq* Moneten (früher für *pesetas*)

–Cincuenta por cada tres aviones.

–Vale.

No sabía dónde ni cómo podía conseguir periódicos. Al día siguiente por la mañana fue al mercado de la Travessera a
5 comprar fruta y una lechuga por encargo de Ruth. En la calle no vio ningún avión y tampoco a los Rabinad. Se demoró mucho, tanto a la ida como a la vuelta, mirando en todas las papeleras que encontró a su paso, y cuando volvió ya era pasado el mediodía y los dos hermanos le esperaban frente
10 a la acera soleada con su cosecha de aviones. Los llevaba el Cocoliso en su macuto. Cuatro fueron desechados por Bruno porque estaban rotos. En las alas lucían titulares subrayados con lápiz rojo, y siempre eran buenas noticias. Jan el Cocoliso los contó y volvió a guardarlos en el macuto.
15 –Veintisiete.

–Te debo cuatro pesetas –dijo Bruno.

–Cuatro con cincuenta, nano. Nada, calderilla. Pero que sea al contado.

Había sacado un espejito del bolsillo y jugaba con el reflejo
20 en los ojos de Bruno, que ocultó la cara al mentir:

–Claro, cuando la señora Pauli me page. Luego iré a verla. Ahora tengo que volver a casa a pelar patatas… Sí, no te rías, y a poner la mesa antes de que llegue mi madre, ¡ufff, con este calor…! Nos vemos mañana, ¿te parece?
25 El Cocoliso se guardó el espejito y se quedó mirándole, receloso.

–Nada de mañana, majete. Nos vemos esta tarde. –Le entregó el macuto–. Toma, llévale a la vieja sus aviones. El macuto me lo devuelves luego junto con la paga. ¿Vale?
30 Bruno cogió el macuto y se refugió en casa, rumiando la necesidad de una estrategia dilatoria más eficaz a la hora de

---

11 **un macuto** mochila de soldados – 17 **la calderilla** unas cuantas monedas de bajo valor – 27 **un majete** *coloq* Bürschchen – 31 **una estrategia dilatoria** Verzögerungsstrategie

liquidar cuentas con el Cocoliso. Pero ciertamente aún tenía obligaciones que cumplir. La víspera su madre había hecho croquetas y guardó una docena en un plato, encargándole que fuera a llevarlas a la señora Pauli antes de la hora de comer.

5 Era la una y media de la tarde cuando los hermanos Rabinad abandonaron su puesto en la acera y desaparecieron. Ruth no tardaría en volver del trabajo y Bruno ya tenía la mesa puesta, así que cogió el plato de croquetas y el macuto y subió al segundo primera.

10 —¡Qué bien! —exclamó la señora Pauli al ver el obsequio—. ¡Ruth es la reina de las croquetas! Le das las gracias de mi parte.

—Traigo aviones, señora Pauli.

La siguió por el pasillo con el macuto en bandolera. En el
15 comedor la anciana rodeó la mesa acelerando el paso, el plato en una mano y el bastón en la otra. El loro Jacinto reclamó su atención desde la jaula, pero ella ni le miró: iba presurosa y decidida hacia el balcón inundado de sol, la cabeza enhiesta y la mirada fija y un tanto alucinada, fuera lo que fuese aquello
20 que la impulsaba. Abandonó el bastón entre las flores y tanteó el vacío más allá de la barandilla de hierro cuyo tacto quemaba, miró abajo con un desasosiego repentino en la mirada y, durante un breve instante, Bruno tuvo la impresión de que su mano en el aire se desprendía de lo real y se
25 introducía en lo visionario. Indiferente al azote implacable del sol, sostenía el plato sobre el vacío como si fuera una ofrenda. Se comió una croqueta y acto seguido cogió otra y la tiró a la calle, de espaldas y por encima del hombro, sin mirar abajo. Bruno no pareció sorprenderse. La vio coger otra croqueta
30 y tirarla del mismo modo, mirándole con media sonrisa de complicidad.

—¿No le gustan, señora Pauli?

2 **la víspera** la noche anterior – 17 **presuroso** con rapidez – 18 **enhiesto** erguido –
19 **alucinado** wie gebannt – 21 **tantear** abstasten – 22 **un desasosiego** intranquilidad, temor

–Precisamente, cariño. –Alargó el brazo con el plato y con pícara maledicencia añadió–: Escóndelas, haz el favor, que hoy viene mi sobrina. ¡Es muy comilona!

Se sentó en el sillón de mimbre y recuperó un vaso de té
5 frío que había dejado en una maceta. Bruno dejó el plato de croquetas en el aparador y volvió junto a ella. Se disponía a sacar los aviones del macuto cuando oyeron a Érika abrir la puerta del piso con su llave. Antes de irrumpir alegremente en el balcón dejó oír su voz:
10 –¿Qué tal nos hemos portado, tía?

Morena, un poco nariguda, con el pelo cortado como un chico, pantalón vaquero muy ceñido y camiseta con la cara estampada de Albert Einstein sacando burlonamente la lengua, Érika Korpinski desprendía un olor fresco a lavanda
15 y un aire permanentemente festivo y estival. Besó a su tía y exclamó ¡Cielo santo, qué calorazo!, como si lo celebrara. En un bolso grande traía yogures, semillas de jazmín, cigarrillos, té verde y magdalenas. Su tía le dijo que habría preferido un buen salchichón en vez de magdalenas, porque el salchichón
20 aguanta más el golpe.

–¡Pero qué golpe ni qué niño muerto! ¿Ya estamos otra vez con eso, tía?

–El precio de las patatas está por las nubes, Érika.

–Pues ya bajará. Claro, te pasas el día entero en este
25 puñetero sillón, y con este solazo… No te conviene, ¿sabes? – Le dedicó a Bruno una sonrisa cómplice–. ¿Verdad que no le conviene, Bruno?

–Le gusta mirar la calle –dijo él, un tanto embobado.

La señora Pauli le reprochó a su sobrina que se hubiera
30 olvidado una vez más de devolverle las fotografías que le prestó. Dijo que eran el único recuerdo que le quedaba de su casa de la calle Nowolipie, en Varsovia, y le ordenó que se las trajera sin falta la próxima vez, porque las quería enmarcar.

---

2 **una pícara maledicencia** listige Verleumdung – 3 **un comilón** coloq up que come mucho – 6 **un aparador** Anrichte, Geschirrschrank – 11 **narigudo** de nariz larga – 28 **embobado** benommen

–¿Más fotos todavía? –replicó Érika–. ¿No crees que ya no caben en esa pared?

–Las pondré en la mesita de noche. Sobre todo la foto de los seis.

5 Su sobrina le guiñó el ojo a Bruno al decir:

–¿Te refieres al famoso candelabro de seis brazos, tía?

–¡Siete, ignorante! –dijo la anciana–. Si te oyera tu pobre madre… Ya no respetas nada. Te hablo de las tres fotografías que te llevaste sin mi permiso, la de tus abuelos delante de 10 nuestra casa y la de tu madre conmigo en la escuela de baile, cuando niñas. Y la foto de los seis muchachos en la calle. Sobre todo esa, que la quiero enmarcar.

–Ah, de esa foto quería hablarte. –Apoyó la espalda en la barandilla, abanicándose con la mano–. No sé por qué la 15 conservas. No es de nadie de la familia. ¿De dónde la has sacado?

–No te importa.

–Claro que me importa. Si no me lo dices, no te la devuelvo.

–La recorté de un libro, o de una revista, ya no me acuerdo… 20 En todo caso es mía. La enmarcaré y la pondré en la mesilla de noche, así que haz el favor de devolvérmela y no se hable más.

Érika suspiró dándose por vencida.

–Está bien, pero deberías entretenerte de otra manera. Podrías coleccionar fotos de futbolistas, por ejemplo –añadió 25 con sorna mal disimulada–. En tus buenos tiempos, cuando eras la corista más popular del Paralelo, trataste a unos cuantos muy de cerca, ¿verdad, tía?

–Sí, querida. Mucho más de cerca de lo que supones.

–Te regalaré una tele, así estarás menos en el balcón. Y 30 deberías salir a caminar un poco de vez en cuando. Bruno podría acompañarte… ¿Verdad que lo harías, chico?

–Claro.

–¿Lo ves, tía? Te mimamos demasiado.

Insistió sobre todo en que no se olvidara de tomar las 35 medicinas y luego fue a la cocina y comprobó el contenido de

5 **guiñar el ojo a up** jemandem zuzwinkern – 20 **enmarcar** einrahmen

la nevera, abrió una lata de Coca-Cola y echó una ojeada al dormitorio y al cuarto de baño y hasta revisó la jaula del loro. Vio las croquetas en el aparador y se comió una sonriendo ante las quejas de su tía, que le dijo que su insaciable gula le recordaba a un pretendiente que tuvo a los veinticuatro años, cuando actuaba en la revista «Viena es así», un importante empresario teatral que sólo comía croquetas de pollo y le creció una cresta roja en no voy a decirte qué sitio…

–Tía, no presumas de hombres maravillosos en tu vida porque todos han sido unos gilipollas y unos mangantes de mucho cuidado, lo sabes muy bien.

Luego hizo lo que Bruno esperaba desde que la vio irrumpir en el balcón. Lo cogió a él amigablemente por los hombros y lo llevó al comedor para hablarle un momento a solas. Como otras veces, le dio dos pesetas y le preguntó qué tal se portaba su tía, si algún vecino se había quejado por algo, si ponía la música muy alto, si hablaba sola, si se dormía al sol en su sillón. También quería saber si él o Ruth la habían visto tirar cosas desde el balcón.

–¿Cosas de comer? –preguntó Bruno.

–Cualquier cosa.

–Pues… alguna galleta. La semana pasada tiró un yogur. Dijo que estaba caducado.

–¿Eso dijo?

Se quedó tristona. Iba a añadir algo, pero no lo hizo. Por su parte, Bruno decidió no mencionar los aviones de papel ni las croquetas tiradas a la calle. Bajó los ojos y se puso en guardia: no quería establecer ningún vínculo con el mundo fantasioso de los adultos, no quería escuchar más rollos sobre lo bueno que pudo haber sido y no fue ni más lamentos que pudieran recordarle el estilo trapacero del señor Raciocinio. Y tampoco mencionó, por no dar ocasión a más preguntas, que el yogur estuvo en un tris de estrellarse en la cabeza del señor Amadeo cuando salía de su casa, ni que el taxista, al ver el yogur

4 **la insaciable gula** unersättliche Völlerei – 23 **caducado** podrido – 31 **un trapacero** mentiroso

despanzurrado a sus pies, levantó los ojos al balcón gritando ¡Eeeeeh, señora, los caducados se tiran a la basura!

Cuando Érika se marchó Bruno vació el macuto y la señora Pauli contó y examinó los aviones, enderezando y alisando los que estaban maltrechos y volviendo a marcar con lápiz rojo algunos titulares. La anciana le pagó lo acordado y le pidió periódicos.

Después de cada visita, Érika solía pasar un momento por casa de Ruth para agradecer las atenciones que tenía con su tía. Cuando Bruno bajó diez minutos después, estaban las dos charlando en la cocina, Érika con una cerveza en la mano y lamentando, disgustada, que su tía tirara yogures por el balcón, tanto si estaban caducados como si no. Ruth le contó lo que Bruno no le había contado del incidente con el taxista.

–Pero no pasó nada –añadió para tranquilizarla–. Su tía es muy bromista y el señor Amadeo otro que tal, y suelen gastarse bromas. El vecindario aprecia a la señora Pauli, puede creerme.

–De todos modos –dijo Érika–, si vuelve a hacer algo así, le ruego que me lo haga saber. Me tiene preocupada. Sé que mi tía vivió de joven una experiencia muy jodida, me lo contó mi madre hace muchos años, y me temo que últimamente le está dando vueltas a aquello. Su cabeza no rige bien, tiene ya muchos tacos, y pronto va a necesitar asistencia a tiempo completo. Un día u otro tendré que decidirme a llevármela a casa, aunque ella no quiera. En fin… Mire, Ruth, he hecho un duplicado de la llave del piso y me gustaría que la tuviera usted, por si acaso. ¿Le importa?

–Claro que no.

–Y si hace alguna barrabasada, avíseme, por favor.

1 **despanzurrarse** *coloq* bersten – 23 **no regir bien** no funcionar bien – 24 **unos tacos** *coloq* años – 30 **una barrabasada** *coloq* Unsinn

Capítulo 4

Conseguir periódicos de la manera que fuera se había convertido en una prioridad. Lo primero que hacía Bruno por la mañana era birlar *La Vanguardia* tirada en el zaguán antes
5 de que pudiera recogerla el suscriptor del principal segunda.

El tercer día de vacaciones se levantó temprano, se vistió deprisa y apenas se lavó la cara. Entró en la cocina peinándose, buscó una bolsa de plástico y cogió la más grande que encontró. En la mesa tenía la botella de leche y el bocadillo
10 que su madre le preparaba antes de irse al trabajo. La cafetera sobre el hornillo eléctrico aún estaba caliente. Bebió la leche deprisa, envolvió el bocadillo en papel de estaño y lo guardó en la bolsa para más tarde. Se disponía a salir cuando Ruth entró en la cocina. Iba descalza y ajustándose el albornoz,
15 cabizbaja y soñolienta, con una taza de café en las manos.

–¿Qué pasa, mamá? ¿Hoy no vas a la tienda?

–He dormido mal. –Tomó una pastilla que llevaba en la mano y se sirvió más café–. Iré más tarde. ¿Y tú adónde vas tan temprano?

20 Con el pie sacó un taburete de debajo de la pequeña mesa y lo estuvo tanteando, pero no se sentó.

–Por ahí, a dar una vuelta –dijo Bruno.

–¿Has desayunado?

–No tengo hambre. Me llevo el bocadillo para luego.

25 –Es de queso de cabra con un poco de mermelada de membrillo, como la que hacía tu padre… A ver si te gusta.

Seguro que no, iba responder él, pero optó por callarse. Después le diré que sí, pensó, que me ha gustado bastante. La vio tantear otra vez el taburete con gesto inseguro.

30 –¿Te encuentras mal, mamá?

---

4 **un zaguán** Vorhalle – 5 **un suscriptor** Abonnent – 5 **la principal segunda** segundo apartamento del entresuelo – 12 **un papel de estaño** Stanniolpapier (alte Verpackung von Lebensmitteln ähnlich der Aluminiumfolie) – 14 **un albornoz** *Esp* Bademantel – 15 **cabizbajo** triste – 15 **soñoliento** schläfrig – 20 **un taburete** Hocker – 26 **el membrillo** Quitte

–No pasa nada. Es sólo que... –Finalmente, con gesto desfallecido, se sentó–. No sé si hago bien en decírtelo, hijo.

–¿El qué?

Ruth cerró los ojos y esperó unos segundos.

5 –Han visto a tu padre tocando el clarinete en el metro.

Bruno ni pestañeó. Se sintió tentado de decir: ¿Y eso te extraña, mamá?

–¿Quién te lo ha dicho?

–Silvia. Lo vio ayer al mediodía, en las escaleras de la
10 estación de Liceo. Yo pasé por allí diez minutos antes, fíjate, y no estaba, o no lo vi...

Él sí podía verlo ahora. Sentado en las escaleras con un platillo al lado, la mochila a la espalda, las dos arañas rubias haciendo cabriolas sobre el clarinete para llamar la atención
15 de la gente, «aquel cerezo rosa que creció en un rincón de tu jardín», algunas monedas cayendo en el platillo... Calderilla para el señor Raciocinio.

–No me lo quito de la cabeza –añadió Ruth–. Quién sabe lo que puede haberle pasado. A lo mejor habría que ir, pero no
20 sé, seguramente se avergonzaría de que le veamos así... ¿Tú qué opinas, hijo? ¿Crees que deberíamos hacer algo? –Bruno permanecía en silencio–. ¿No vas a decir nada?

–¿Yo qué quieres que diga, mamá? –se quedó pensativo un instante–. ¿Por qué no hablas con la sobrina de la señora Pauli?
25 Ruth lo miró extrañada.

–¿Con Érika? ¿Por qué?

–A lo mejor te podría ayudar. Su tía dice que entiende mucho de hombres... Que sabe cómo hay que tratarlos.

Ruth lo miró con una chispa en los ojos.
30 –¿Ah, sí? Vaya.

–Es lo que dice siempre. Ella podría aconsejarte, ¿no?

–¿De veras? ¡Qué cosas se te ocurren, hijo!

---

13 **dos arañas rubias** *fig aquí:* manos – 14 **hacer cabriolas** herumhüpfen

Se levantó con su sonrisa triste y depositó la taza en el fregadero. Abrió el grifo y se quedó mirando el chorro de agua. Enseguida recuperó el tono de lánguida ansiedad.

–Habría que ir a ver si necesita algo. Es tu padre. –Con un
5 quiebro en la voz añadió–: Nunca te levantó la mano.

–Ya.

–Convendría que eso, por lo menos, no lo olvidaras.

Bruno agachó la cabeza.

–A lo mejor no era el señor Raciocinio –dijo–. Ya sabes que la
10 señora Silvia es muy miope, y con esas gafotas que lleva aún ve menos, no ve tres en un burro... A lo mejor se ha confundido de persona. Podría ser, ¿no? –esperó un poco antes de añadir–: Bueno, ¿me puedo ir ya?

Ruth suspiró.

15 –Dame un beso y vete. Luego subirás a ver a la señora Pauli por si necesita algo. Y le dirás que cuando venga su sobrina, quiero hablar con ella.

–Vale. –En la puerta se volvió a mirarla–. ¿Vas a ir a la tienda? ¿Puedes traerme el diario cuando vuelvas, mamá, por favor?
20 ¿Te acordarás?

La primera luz de la mañana flotaba ante sus ojos como irisado polvo de diamante. No había caído ningún avión en la calzada ni en las aceras, los hermanos Rabinad aún no habían llegado, y, por el momento, el lado soleado de la calle donde
25 Oskar solía tumbarse ofrecía solamente una delgada franja de sol en lo alto de los edificios. El chico del colmado sacaba a la acera los cajones de frutas y verduras y el camión de la basura asomaba el morro en la esquina de Torrente de las Flores. La señora Casilda, la mujer del taxista, barría la acera frente a su
30 casa. Al alzar los ojos, Bruno vio a la señora Pauli asomada al balcón con la mano en alto y creyó que lo saludaba, pero acto seguido pensó que iba a lanzar un avión. Lo que cayó fue un

---

2 **un fregadero** Spülbecken – 3 **una lánguida ansiedad** schwache Unruhe – 5 **un quiebro** Triller – 10 **miope** kurzsichtig – 11 **no ver tres en un burro** *fig coloq* ver mal – 25 **una franja** Streifen – 28 **un morro** *fig* Nase

plátano y pudo pillarlo antes de que llegara al suelo. Estaba más que maduro, era negro por fuera y pura mermelada por dentro. Lo guardó en la bolsa de plástico y esperó a ver si caía algo más, pero la anciana se retiró del balcón y volvió a salir

5 con la jaula del loro, la colgó en la pared, le dedicó a Jacinto algunos mimos y luego se acodó en la barandilla y se quedó mirando la calle. Aunque tenía la sensación de que ahora ya no le miraba a él, Bruno inició un leve gesto de saludo y se marchó.

10 Se hizo la parte alta del Paseo de San Juan a buen paso y asomándose a todas las papeleras. En una que estaba repleta, hurgando entre klínex, latas, botellas y vasos de plástico estrujados, encontró un ejemplar de *La Vanguardia* arrugado y con la primera plana manchada con una salsa maloliente.

15 Arrancó la página y se llevó el resto. Más abajo, en la zona donde los jubilados jugaban a la petanca, un viejo se levantó de un banco dejando encima un *Diario 16*, y también lo cogió y lo metió en la bolsa. Al llegar a la plaza Tetuán pensó que tal vez era demasiado temprano, apenas las nueve de la mañana,

20 así que se sentó en un banco y sacó el bocadillo de la bolsa. Le pegó un mordisco desabrido y lo volvió a guardar. Está buena la mermelada, muy buena, pero no tengo hambre, mamá, pensaba decirle…

También se le ocurrió que lo mejor era buscar en calles más

25 concurridas y se fue caminando hasta la Rambla, donde había muchos kioscos y riadas de gente paseando arriba y abajo. En una papelera frente a Canaletas encontró *El Mundo*, pero el diario apestaba; lo habían usado para recoger la caca de un perro. Sobre la mesa desocupada en la terraza de un bar había

30 un ejemplar del *ABC* que olía a pescado podrido y lo desechó. A buen paso, regateando ágilmente a los viandantes, no se le escapó ninguna papelera del paseo central. Con un vistazo sabía si valía la pena pararse a hurgar. Al lado de un puesto

---

1 **pillar uc** etwas erreichen, *hier:* auffangen – 6 **acodarse** auf die Ellbogen stützen – 21 **un mordisco desabrido** verdrießlicher Biss – 26 **unas riadas** *fig* Flutwelle – 28 **apestar** oler mal – 30 **desechar** verwerfen – 31 **regatear** umspielen – 33 **hurgar** durchwühlen

de flores vio en el suelo mojado una pila de periódicos que la florista usaba para envolver con sus páginas raíces y tallos y pequeñas macetas. Calculó que habría una docena. Esperó el momento propicio y en un descuido de la mujer se hizo con
5 ellos, los metió en la bolsa y se escabulló entre la gente. Al llegar al cruce con las calles Boquería y Hospital se topó con la boca del metro de Liceo.

Bueno, ya que estoy aquí, se dijo, y se asomó a la escalera y miró. En el rellano había un joven de barba rubia y gorro de
10 marinero que tocaba el acordeón y hacía bailar a una perrita con peluca roja y faldita blanca de tul. Al lado tenía una caja de habanos con algunas monedas. Ni rastro del señor Raciocinio. Descansó un rato apoyado en la barandilla y sacó el bocadillo de la bolsa, pero no lo mordió. Miraba la perrita que giraba
15 erguida sobre sus patas traseras. Enseguida envolvió de nuevo el bocadillo y lo guardó. Que no se me olvide: que no es que no me guste esta mermelada, mamá, de veras, es que estoy desganado.

Decidido a seguir buscando, aunque ahora ya lo hacía
20 obedeciendo a un doble y confuso objetivo, zigzagueaba en diagonal hacia la papelera situada frente al Café de la Ópera cuando, surgida de no sabía dónde, una sombra apresurada se cruzó en su camino y le adelantó pretendiendo lo mismo que él, según iba a comprobar enseguida, y se quedó parado,
25 zarandeado por el trasiego de la gente en medio del paseo y sin capacidad de reacción. La sombra dejaba tras de si un hálito vagamente dulzón, un soplo o una exudación corporal que a Bruno le resultaba familiar, abusiva e insidiosa, pero no había nada que ayudara a reconocerle, salvo la pequeña mochila
30 de color caqui con el rótulo *feng shui* escrito a mano. Llevaba gafas de sol y un gorro de visera prominente y vestía tejanos y

---

4 **hacerse con** *coloq* an sich nehmen – 5 **escabullirse** s. wegschleichen – 9 **un rellano** Treppenabsatz – 12 **el habano** cigarro cubano – 18 **desganado** sin ganas – 20 **obedecer a** *aquí: fig* gehorchen – 22 **apresurada** que se mueve rápidamente – 23 **pretender** querer, desear – 25 **zarandear** sacudir – 25 **un trasiego** *aquí:* movimiento desordenado de gente – 26 **el hálito** Dunst – 27 **la exudación** das Ausschwitzen – 28 **abusivo** missbräuchlich – 28 **insidioso** heimtückisch

camisa a cuadros con los faldones fuera del pantalón. Absorto, indiferente al bullicioso entorno, iba escuchando música con un pequeño transistor pegado a la oreja y con un palo hurgaba afanosamente en la papelera. Lo hacía con la mayor atención,
5 revolviendo concienzudamente papeles y desechos, el rostro volcado sobre el recipiente como si husmeara la presa. Bruno tardó apenas unos segundos en identificar el palo: era, tenía que ser, el palillo extraviado de su tambor. Le siguió a cierta distancia durante un rato y le vio examinar el contenido
10 de dos papeleras más. En la segunda se entretuvo un buen rato rebañando el fondo; estaba al lado de una terraza muy concurrida y en la mesa más próxima a la papelera se sentaba una mujer madura de piel bronceada y aceitada, peluca rubia y un diminuto caniche sentado a sus pies. En este momento
15 Bruno presintió una sombra fugaz muy cercana en el aire, como si un avión de papel planeara sobre su cabeza, y desvió su atención a las ramas de un frondoso plátano. Enseguida oyó los gritos de la mujer:

–¡No se acerque a Ricky, usted! ¡No lo toque!

20 Cuando volvió a mirar, el señor Raciocinio estaba agachado intentando acariciar al caniche, que le mostraba los dientes y ladraba enfurecido, mientras la mujer gritaba histérica:

–¡¿Es que no me oye, guarro?! –El interpelado no se movió, no retiró la mano–. ¡Que no lo toque! ¡¿Cómo quiere que se lo
25 diga?! ¡¿En chino?!

–Oh, sí, por favor –dijo él–. Entraré en otra dimensión.

Se incorporó con una sonrisa triste, dio media vuelta y se fue cabizbajo en busca de otra papelera, espoleándose con el palillo. Bruno fue tras él, y poco después, obedeciendo
30 a un impulso que creía repentino, lo adelantó sin dejarse ver mediante un corto rodeo, y en la siguiente papelera se le

---

1 **absorto** versunken – 2 **bullicioso** ruidoso – 4 **afanosamente** eifrig –
5 **concienzudamente** gründlich – 6 **husmear** beschnüffeln – 11 **rebañar**
zusammenraffen – 15 **una sombra fugaz** flüchtiger Schatten – 20 **agachado**
gebückt – 23 **un guarro** puerco, *coloq* cochino – 28 **cabizbajo** mit hängendem Kopf –
28 **espolearse** *fig* sich anspornen – 29 **obedeciendo un impulso** einem Impuls
folgend – 30 **repentino** ungeahnt

anticipó actuando con decisión y rapidez, como si lo tuviera pensado ya antes de verle o de presentirle, antes de asomarse cautamente a la boca del metro, antes incluso de salir de casa: sacó de la bolsa el plátano maduro y el bocadillo, puso 5 ambas cosas en la papelera y acto seguido se escabulló. Y no volvió la cabeza: no deseaba verle rebuscando en la porquería con el palillo, aplicado y furtivo, no quería verle allí de pie en medio de la gente con el plátano de piel negra en una mano y el resto del bocadillo en la otra, hincándole el diente y tal vez 10 sorprendido por el inesperado sabor de la mermelada…

Remontó la Rambla de vuelta a casa con la bolsa colgada a la espalda, en la que llevaba algo más de quince diarios. Cuando, poco antes, había iniciado el recorrido Rambla abajo, decidió asomarse solamente a las papeleras del paseo central, dejando 15 para la vuelta las de las aceras. Pero ahora ya no quiso seguir mirando.

---

6 **rebuscar** durchsuchen – 9 **hincar el diente** clavar el diente, morder – 15 **una acera** Bürgersteig

Capítulo 5

Enfiló su calle cuando iba a ser la una y los hermanos Rabinad seguían sin aparecer, o ya se habían ido. Ningún avión en la calzada ni en las aceras. Se había levantado un
5 poco de viento y el aire era cristalino, con una luz irisada que hacía entornar los ojos. La dueña de la mercería regaba la calle con un cubo de agua y la señora Candelaria sacudía una alfombra frente al portal de su casa. Recordó el encargo de su madre y antes de entrar en casa decidió visitar a la señora Pauli
10 y cobrar por los diarios. Diez pesetas, por lo menos, calculó de nuevo, más la propina…

–Mi madre que si necesita algo.

–Entra, cariño. ¡Deprisa!

–Y aquí tiene los periódicos. Hay quince, o más.

15 –No podías llegar en mejor momento. ¡Ha pasado una cosa horrible!

Iba en camisón y se cubría los hombros con un chal, peinada y maquillada con el esmero de siempre y con un clavel rojo en el pelo. Estaba muy nerviosa y no prestó atención a lo que
20 Bruno le decía y ni siquiera miró el fajo de periódicos. Explicó que había tenido que tapar corriendo la jaula de Jacinto con una toalla, pero no solamente para protegerle del viento, que le hacía tartamudear de miedo, sino sobre todo para evitarle un desagradable espectáculo. Y que se había apresurado a
25 abrir de nuevo el balcón, pero que tal vez era ya demasiado tarde.

–Lo había cerrado por el viento –añadió–. Pero no sabía que el pobre pajarito ya estaba dentro.

–¿El pajarito? Ya. Mire, hoy le traigo casi veinte…

30 –No lo vi entrar, ¿comprendes? ¡No lo vi!

Se sentó muy abatida a la mesa del comedor, frente a una taza de té, una manzana, algunas magdalenas y un paquete

---

5 **irisado** regenbogenfarbig – 20 **el fajo** Bündel – 23 **tartamudear** stottern –
24 **apresurarse** s. beeilen – 31 **abatido** sin fuerzas, cansado

de cigarrillos con un mechero plateado encima. Al lado había dispuesto un platillo con trocitos de magdalena remojada y una hojita de lechuga. Con un dedo tembloroso empujó el platillo hacia Bruno.

5 –¿Quieres sacarlo al balcón, por favor? –dijo–. Por si Janek lo ve. Porque aún está aquí dentro, pero como le gusta mucho la lechuga fresca, pues a lo mejor se anima a salir.

Bruno optó por obedecer con una mueca de fastidio y sin hacer preguntas. Vio sobre el aparador la jaula del loro
10 cubierta con la toalla. En el sofá había un revoltijo de páginas de periódicos recortadas y unas tijeras. Volvió a anunciarle la buena nueva:

–Le he traído más periódicos, señora Pauli.

Diez o doce pelas más la propina, qué menos, ¿no?, iba
15 pensando todavía, pero de momento ella no parecía querer escucharle y su voz resabiada persistía:

–Es Janek, seguro, no hay un color amarillo como el suyo. Amarillo como el de una estrella en la manga –añadió, pensativa–. Yo no lo vi entrar. Oí que Jacinto protestaba por
20 el viento. Le da tanto miedo... Así que cerré el balcón. Pero después oí que algo chocaba contra los cristales, por la parte de dentro. Es el periquito que le regalé a Michal por su primera pelea... –Se quedó ensimismada otra vez–. ¡No, que la primera la perdió! Fue por su cumpleaños.

25 –¿El cumpleaños de quién? –dijo Bruno por decir algo.

La escuchaba sumido en un letargo desdeñoso. Se le va la olla cada vez más, pensó. Se disponía a mostrarle los periódicos colocando ruidosamente el fajo sobre la mesa cuando la vio coger la manzana y salir al balcón. Caminaba
30 sobre sus zapatos negros de fino tacón, ligera y ajena al entorno, como si escuchara una música interior y con el paso cambiado caprichosamente en cada baldosa debido a una impaciencia que no controlaba, y por un momento Bruno tuvo

---

8 **una mueca de fastidio** Grimasse des Ärgers – 10 **un revoltijo** desorden –
16 **resabiado** desconfiado – 23 **ensimismado** in Gedanken vertieft – 26 **un letargo desdeñoso** geringschätzige Lethargie – 30 **ajeno al entorno** *aquí:* in einer anderen Welt verhaftet

otra vez la extraña sensación de verla penetrar en un ámbito que no era este, un lugar que tenía otras dimensiones y otra luz y donde reinaba el silencio. Asomada al balcón, frotó la manzana en su pecho y luego levantó el brazo apuntando a un
5 objetivo abajo en la acera. Durante unos instantes mantuvo el brazo en alto y la cabeza inclinada sobre el vacío, hasta que dejó caer la manzana. Entonces dijo:

–Ven, Bruno, acércate. ¿Ves aquel niño harapiento caído en la acera?

10 Él se asomó y vio a Oskar tumbado al sol con las manos en la nuca y los descalabrados patines en los pies.

–No se mueve, ¿lo ves? No puede. Cuando empiece a llover, porque no tardará en llover –añadió mirando el cielo intensamente azul, radiante, barrido por el viento,
15 escrutándolo como si le fuera dado ver también lluvias venideras, además de pájaros muertos, pensó Bruno–, habrá que sacarlo de ahí y meterlo en un portal.

–No le va a pasar nada, señora Pauli. Conozco al chico.

–Seguramente se ha dormido, y eso es lo mejor que
20 podía pasarle. Luego, cuando bajes, lo ayudas a levantarse y le preguntas dónde vive… Yo hoy no puedo bajar ni subir escaleras, me duele bastante la pierna. –Se retiró del balcón renqueando y, ya en el comedor, se volvió a mirarle–. ¿Me has entendido…? Pero, niño, no pongas esa cara. A ver, te
25 cuento. Hace muchos años, en el cine Windsor, vi una película en la que un hombre, un borrachín, le pregunta a un amigo: ¿A ti nunca te ha picado una abeja muerta? Bueno, pues yo pregunto: ¿A ti nunca te ha entrado un pájaro por la ventana abierta, en verano? No digas que no, Bruno, porque es algo que
30 suele ocurrir.

Añadió que siempre supo que esto tenía que pasar algún día. La abeja muerta que pica es la memoria, aventuró con un brillo de convencimiento en los ojos, el puñetero aguijón

---

1 **una extraña sensación** komisches Gefühl – 1 **penetrar en un ámbito que no era este** *aquí:* in eine andere Welt eintreten – 8 **harapiento** zerlumpt – 17 **un portal** Vorhalle, *aquí:* Hauseingang – 33 **el puñetero aguijón** verdammter Stachel

de nuestra memoria. Luego explicó que el pobrecillo Janek quería escapar y chocaba una y otra vez contra la ventana, porque detrás de la ventana creía ver el cielo azul abriéndose ante él. Dijo que estaba en la cocina preparando el té y que oyó
5 aterrada su aleteo desesperado y los golpes contra el cristal, comprendió lo que pasaba y vino corriendo a abrir el balcón, pero no pudo verle.

–Tiene que estar por aquí. Se habrá escondido, si es que no se ha matado chocando tantas veces, estará en algún
10 rincón, quizá con el ala rota, como ese niño acurrucado a la intemperie… Habría que buscar debajo del sofá, del bufet y de las sillas, ¿no crees, cariño? ¿Y si me ayudaras a buscarlo, por favor?

–Claro.

15 Decidió seguirle la corriente. Incluso se puso a cuatro patas y miró en los rincones y detrás de los muebles. Ella le seguía de cerca con la taza de té en una mano y el bastón en la otra.

–No está –dijo Bruno al cabo de un rato–. Se habrá ido. ¿Seguro que era un periquito lo que vio, o creyó ver, señora
20 Pauli? ¿No sería un gorrión?

–Es Janek. No hay otro amarillo como el suyo.

–Ya. Volverá, no se preocupe.

–¿Tú crees?

–Seguro. Los periquitos de los boxeadores siempre vuelven.
25 –No sabía muy bien por qué había dicho eso. Y tampoco lo que añadió ocultando una sonrisa maliciosa–: Pero eso sí, de noche. ¿No sabe que los fantasmas no vuelan durante el día, señora Pauli?

En el acto lamentó el pitorreo. No tenía gracia. ¿Por qué
30 estas chifladuras de la vieja ya no daban para reírse como antes? Si ella veía por ahí el fantasma amarillo de un pájaro, y si ese pájaro era un periquito al que llamaba Janek, muerto hace muchos años en una jaula que tenía su novio el rubio boxeador polaco en su gimnasio antes de morir él también,

---

10 **acurrucado** zusammengekauert – 10 **a la intemperie** im Freien – 24 **un periquito**
Wellensitich – 29 **un pitorreo** *coloq* Scherz – 30 **una chifladura** locura

quizá en el frente o tal vez en un campo de concentración,
o en un cuadrilátero y con los guantes puestos, acaso en
un terrible bombardeo –siguió fabulando a cuatro patas,
sin ser plenamente consciente de estar fabulando–, si eso
la complacía o la consolaba de alguna pena o desvarío,
pues bueno, que así fuera. Las viejas solitarias se piraban
así, seguro. La vio encender un cigarrillo y soltar pequeñas
bocanadas de humo con parsimonia; parecía resignada,
pero de pronto cogió dos magdalenas de encima de la mesa
y se dirigió otra vez al balcón. De nuevo caminaba ligera,
decidida y expectante, casi dando saltitos, como si en el balcón
hubiera algo o alguien que no podía esperar. Dejó el cigarrillo
encendido sobre el barandal de hierro y miró abajo alzando
el brazo con las magdalenas en la mano. Durante un rato
permaneció así, moviendo la mano de un lado a otro, luego las
dejó caer, una detrás de la otra. Bruno oyó rodar los patines de
Oskar y no necesitó asomarse. Vio también caer el cigarrillo al
vacío cuando ella lo rozó sin querer con la mano.

—Mi madre dice que debería usted dejar de fumar. Que
olvida las colillas por ahí, y es peligroso…

—Esta no llegará al suelo, no te preocupes –respondió ella
pícaramente–. Los niños pobres fuman y sueñan… Ven, tengo
que decirte algo.

Volvió a entrar, se sentó a la mesa y bebió unos sorbos de té
antes de comunicarle la novedad: ya no necesitaba periódicos,
no hacía falta que buscara más. Ayer había caído en la cuenta
de que todos eran periódicos de aquí, naturalmente impresos
en español, dijo conteniendo unas repentinas ganas de reír.

—¡Ni que hubiesen estudiado idiomas, pobrecitos míos! ¡Por
san Jacinto, ¿cómo he podido ser tan tonta?! Cuando lo pienso
es que me avergüenzo. Te pagaré estos que me has traído,
claro, pero ya no quiero más. Desde ahora haré mis avioncitos
con hojas en blanco… Avioncitos totalmente blancos. Esta
mañana ya he lanzado algunos. Se hacen mejor con páginas

---

2 **un cuadrilátero** Boxring – 5 **un desvarío** locura – 6 **pirarse** = überschnappen (pirado = übergeschnappt) – 8 **una parsimonia** lentitud – 18 **rozar** tocar apenas

de libretas y de blocs y todo eso. Y si se acaban las libretas, pues compraremos un paquete de folios en la papelería, ¿no te parece?

–Entonces –dijo Bruno–, ¿ya no traigo más periódicos?

5 –No me sirven, cariño. La verdad es que ya desde el primer día no servían para nada, porque es otra lengua. Además, ¡es tan difícil encontrar buenas noticias en los periódicos! Porque, ¿sabes?, este país al que tanto quiero, y en el que tanto he bailado y me he divertido, lo reconozco, es un país 10 gritón y malhablado, y lo es no sólo en la calle, también en los periódicos, que no suelen traer noticias felices para los niños. Así que necesito otra lengua, otras palabras, otra gramática. ¿Lo has entendido, querido Bruno? Y ahora dime qué te debo.

Otra lengua, otras palabras, otra gramática, otra chaladura. 15 ¿Qué es lo que había que entender de los desatinos y del mareante parloteo de una vieja trastornada? Nada. Incluida la generosa propina, él se había ganado merecidamente las quince pesetas que ahora la señora Pauli sacaba con delicadeza de un pequeño monedero negro con cierre 20 plateado y le entregaba sonriendo, y eso era lo único que había que entender, de modo que dio las gracias y se guardó la paga en el bolsillo. Antes de irse preguntó si seguía en pie la otra parte del trato, recoger de la calle los nuevos aviones, estuvieran hechos con hojas de libreta o de bloc y portadores 25 de otra lengua o de otra gramática o de lo que fuera, y si el precio por pieza sería el mismo, y ella respondió que sí, por supuesto, cariño.

–¿Y dice usted que esta mañana ya los ha hecho volar?

–Unos poquitos. No sé si habrán ido cerca o lejos, y no sé 30 si los han visto, porque hacía mucho viento. Recuerda que si encuentras otros, los de papel de diario, no interesan.

–Ya. Bueno, ahora tengo que irme, señora Pauli.

9 **un país gritón y malhablado** *fig* wo Leute sehr laut und vulgär sprechen – 15 **un desatino** tontería – 16 **un mareante parloteo** schwindelndes Plappern – 16 **trastornado** loco – 18 **con delicadeza** cuidadosamente – 22 **seguir en pie** noch gelten

Se percató del cordón suelto de su zapato izquierdo y se agachó. Había iniciado la lazada sobre el zapato, deprisa y malhumorado, cuando vio una pequeña pluma suspendida en el aire. De hecho la vio sin apenas mirarla, porque esa era
5 su manera de afrontar lo que no quería o no podía admitir. La pluma era de un color amarillo subido y se balanceaba frente a sus ojos, ingrávida, mínima, estremecida, un plumón insignificante en medio del polvo irisado que flotaba dentro de una espada de sol que entraba por el balcón. Con el cordón del
10 zapato todavía enredado entre los dedos, esperó a ver la pluma posada en el suelo para preguntarse: ¿qué estás pensando, chaval?, pero bueno, ¿eres idiota o qué? Podía ser del loro, se dijo. Podía ser, en efecto, pero el plumaje de Jacinto era intensamente azul, no exhibía ningún otro color en ninguna
15 parte, salvo una franja verdosa en el cuello...

No quiso coger la pluma ni mostrársela a la señora Pauli, no dijo nada. Terminó de ceñir la lazada sobre el zapato, se incorporó y cruzó el comedor cabizbajo. Antes de enfilar el pasillo recordó las recomendaciones de su madre y se volvió.
20 –¿Necesita algo más, señora Pauli?

–Lana blanca para las margaritas. Y más telas, sobre todo terciopelo. Bueno, también seda. Díselo a tu madre.

–Está bien. Ah, se me olvidaba –añadió Bruno–. Que si ya tiene listas las rosas amarillas...
25 –No, no quiero hacer más rosas amarillas. Díselo. Traen malos recuerdos, las rosas amarillas.

–Vale. Ah, otra cosa, cuando venga su sobrina, que le diga que pase por casa.

–Por suerte no vendrá hasta final de mes –dijo la señora
30 Pauli–. Adiós, guapo. Acuérdate de darle las gracias a Ruth por los calcetines de lana. Dile que estoy haciendo con ellos unas rosas rojas preciosas, preciosas de verdad. Serán rosas de calcetines, pero con perfume de rosas. ¿No me crees, niño?

---

1 **percatarse** darse cuenta – 2 **una lazada** Schleife – 7 **ingrávido** de poco peso –
7 **estremecido** tembloroso – 15 **una franja verdosa** grünlicher Streifen – 17 **ceñir**
ajustar

Al salir lo paró una súbita reverberación de la luz y se frotó los ojos con los puños. El Cocoliso le esperaba sentado en el bordillo de la acera frontal manejando el espejito y su reflejo. El cabrilleo de la luz le desorientó y tuvo que pararse un rato.
5 Incluso en pleno verano, la calle tenía un aire invernal. El Cocoliso se había descalzado y con la mano libre hurgaba en las junturas de los dedos del pie. Al lado tenía cuatro aviones. Llevaba sucios esparadrapos en los tobillos, el macuto en un costado y la boina prendida del cinturón. Oskar estaba
10 tumbado al sol con los patines al lado y parecía dormido. En mitad del arroyo había una paloma coja picoteando lo que parecían restos de un bizcocho; daba saltitos alrededor como para impedir la huida de la golosina y de cuando en cuando soltaba frenéticos picotazos. Bruno se frotó los ojos con los
15 puños por segunda vez y volvió a indagar en la imagen que ofrecían los dos hermanos tirados en la acera. Vistos incluso bajo la luz más restallante del mediodía, cuando el sol procuraba encender la calle y avivar los colores, su aspecto ofrecía una tonalidad gris uniforme, como si fueran dos
20 chicos escapados de una peli en blanco y negro, velados por la sombra pasajera de una nube o tal vez surgidos de ese desvarío ensimismado que se forma en la conciencia del que intuye de pronto, sin que haya razón para ello, que ya estuvo antes aquí, que esto ya lo había visto; era como si los hermanos Rabinad
25 hubieran venido a devolverle al triste callejón una antigua potestad, una memoria abolida de pobreza y penuria, la vaga conciencia de que esto que él veía aquí ahora, estas maltrechas aceras donde aún crecía la hierba y este negruzco arroyo marcado con cicatrices de juegos infantiles, había pertenecido
30 un día no muy lejano a niños de ojos furiosos que se pelearon con piedras, puñetazos y patadas; que esto fue otra calle, en otra ciudad y en otro tiempo, y que su azarosa y sombría

---

1 **una reverberación** reflejo – 6 **hurgar** betasten – 8 **un esparadrapo** Pflaster – 15 **indagar** observar con atención – 18 **avivar** intensificar – 21 **un desvarío ensimismado** locura pensativa – 25 **una antigua potestad** viejo poder – 26 **abolir** borrar – 26 **una penuria** carencia – 28 **negruzco** schwärzlich – 32 **azaroso** *aquí:* abenteuerlich

historia no era extraña ni ajena a los desarrapados hermanos Rabinad.

En la misma acera donde estaban ellos, el niño de la mercería pedaleaba esforzadamente en su pequeña bici perseguido por el perro del taxista Amadeo, y el Cocoliso estiró la pierna en un intento de impedirle el paso o hacerle caer, pero el chaval lo esquivó. El perro se acercó a olisquear sus pies y enseguida se alejó con la cabeza gacha. Bruno tuvo la impresión de que la mañana se hacía más larga de lo normal, que el aire iba adquiriendo un turbio espesor y que ahora la calzada volvía a estar seca y más bien sucia, como si no hubiera sido regada poco antes. Anunciando lluvias desde el subsuelo, como en los días de fuerte bochorno, las cloacas exhalaban una suave pestilencia y en la embocadura de la calle el viento traía hojas secas de no se sabía dónde, tal vez de los plátanos de la cercana plaza Rovira, sólo que la hojarasca en agosto era más que improbable…

–¡Tachín, tachín, hoy cobramos por fin! –entonaba el Cocoliso desde el otro lado de la calle moviendo los brazos con gestos ampulosos de director de orquesta. Se calzó los maltrechos zapatos, recogió los aviones y cruzó la calle cojeando.

–¿Qué te pasa? –inquirió Bruno.

–Me torcí el tobillo.

–No me digas. ¿Cuándo habéis llegado?

–Llevamos aquí toda la mañana, nano. Pero, bueno, hoy por fin has cobrado, ¿no? Así que, venga, apoquina.

–La señora Pauli dice que me pagará mañana.

–¡Recastaña, ¿hasta cuándo va a durar esto?! Me huele a chamusquina, ¿sabes? Yo todavía no he visto ni una pela.

–Tranquilo.

---

1 **desarrapado** zerlumpt – 7 **olisquear** beschnuppern – 8 **la cabeza gacha** herabhängender Kopf – 14 **una embocadura** Mündung – 16 **una hojarasca** trockenes Laub – 22 **cojear** hinken – 27 **apoquinar** berappen – 30 **me huele a chamusquina** *loc* das sieht mir verdächtig aus

–Y un huevo, tranquilo. Necesitamos la pasta, pero ya. Me gustaría hablar con la abuela. ¿Por qué no me dejas subir un día contigo?

–Ni hablar. Te mangarías algo, seguro, que te conozco.

5 –No. A ver, yo tengo una norma sagrada, chaval, y la cumplo a rajatabla. No mangar nada a las abuelas. Trae mala suerte.

Había otro avión tirado a pocos metros, junto a la boca de la alcantarilla. Era uno de los nuevos, hecho con hojas rayadas de cuaderno escolar, y no parecía muy entero.

10 –¿Y este qué? –dijo Bruno.

–No vale –replicó el Cocoliso–. Los rotos no, dijiste. ¿No ves cómo está? Un coche lo espachurró antes de que pudiera cogerlo. Un Alfa Romeo descapotable de color azul marino con asientos de cuero plateado, nano, de lo más chachi…

15 –Eres un embustero, Cocoliso. Por nuestra calle nunca pasan coches, y menos un Alfa Romeo.

–Pues hoy pasó. ¡Menda lo ha visto! El avión estaba aterrizando y se metió bajo la rueda.

–Sí, hombre, que me lo voy a creer. Lo habrás pisado. Trae
20 acá. –Le quitó los aviones–. Hoy sólo has cogido cuatro, y de los que ya no valen. Hay que moverse más…

–¡Eh, para el carro, colega! Chano, chano, yo voy haciendo y no se me escapa ni uno. Pero muchos se van a la quinta puñeta, no te creas, la vieja tiene buena mano para lanzarlos.
25 Algunos acaban dando la vuelta a la manzana, y a saber dónde aterrizan. Iba a mirar por ahí cuando me escoñé el tobillo. ¡Hosti, colega, lo único que he sacado hasta ahora es el tobillo roto!

Bruno optó por el silencio mientras examinaba los aviones.
30 Todos hechos con hojas de diario, así que no valían. Además, uno tenía la cola rota, otro se había mojado, cada cual con su pequeño y benéfico titular medio borrado o desgarrado:

---

1 **la pasta** *Esp coloq* dinero – 4 **mangarse algo** robarse algo – 6 **a rajatabla** bedingungslos – 8 **una alcantarilla** Abwasserkanal – 12 **espachurrar** *coloq* zerquetschen – 13 **un descapotable** Cabriolet – 14 **chachi** *Esp coloq* estupendo – 22 **chano, chano** *coloq* lentamente, paso a paso – 23 **a la quinta puñeta** *Esp coloq* a un lugar no deseado – 26 **escoñarse** *Esp vulg* **lastimarse**

«Regalos para niños enfermos del Cottolengo» - «Papá Noel viene en agosto» - «Nos visita el Gran Circo Americano».

–Me duele la rehostia, el cabrón de tobillo, pero no importa – decía el Cocoliso–. ¡Unidos por la pela, nano! Así que me debes
5 lo del domingo y lo de ayer, más lo poquito de hoy, en total serán seis con cincuenta, más veinticinco céntimos de propina por los que dices que ya no valen. Y ya me estoy cansando de esperar, ¿sabes? Si no pagas pronto, te haremos la vaca. Estás avisado.

10 –Que sí, hombre. Pero acuérdate, a partir de ahora los de papel de diario no se pagan. ¿Lo has entendido?

–Vale, pero estos de hoy sí. –Le miró con una luz astuta en los ojos–. Y otra cosa. He estado pensando, ¿sabes?, y se me ha ocurrido una idea. A ver. ¿La vieja sabe cuántos aviones tira
15 desde el balcón? Quiero decir, ¿lleva la cuenta?

–¿Que si lleva la cuenta? Yo qué sé.

–Seguro que no. Te paga por pieza, o sea... ¡Es que tengo una idea, colega!

La idea era que ellos también podían hacer aviones de papel
20 y llevarlos a la vieja locatis juntamente con los que recogían, y que ella seguramente no había contado antes de tirarlos, y así sacarían mucha más pela en cada entrega y no habría que estar pendientes de si llovía o hacía viento o pasaba el barrendero antes que ellos...

25 –Ideas de bombero es lo que tú tienes –cortó Bruno–. ¿No ves que sería una putada hacerle eso a la pobre vieja? Ni hablar. Qué morro tienes, Cocoliso. Además, un día de estos nos pagará todo lo que debe... Y mientras tanto, vigila, puede que le dé por tirar más.

30 –No. Ya ha entrado el loro y ha cerrado el balcón, porque hace un poco de viento. Su manía, no te lo pierdas, es que el viento vuelve locos a los loros...

---

3 **la rehostia** *Esp vulg aquí:* increíblemente – 8 **te haremos la vaca** *loc* te tiraremos al suelo, te bajaremos los pantalones y te escupiremos sobre tus testículos – 8 **estar avisado** gewarnt sein – 20 **locatis** *Esp coloq* loco – 22 **la pela** *coloq* dinero – 26 **una putada** *Esp vulg* Schweinerei – 27 **tener morro** *Esp coloq* unverschämt sein

Bruno recogió el avión chafado junto a la boca de la cloaca y comprobó que no valía para un segundo vuelo. Leyó en uno de sus costados, escrito a mano con tinta: *Jutro karmelki śmietankowe*. Otro idioma, otra gramática, otra chaladura.

5 Pensaba enseñárselo a su madre cuando la vio venir por la otra acera, pensativa y acalorada, abanicándose con un periódico.

–No tardes, Bruno –dijo antes de entrar en casa.

Llevaba en una bolsa medio kilo de legumbres cocidas que acababa de comprar en la tienda de la calle Providencia, y la
10 narizota del Cocoliso olió la comida a distancia. «Hoy toca garbanzos, nano», dijo. Amagó un puñetazo al estómago de Bruno, le dijo a su hermano que no se moviera de allí y se fue lanzando su grito de guerra:

–¡Chano, chano, y unidos por la pela, nano!

15 Se fue cojeando y Bruno se quedó pensativo, mirándole, la mano apretando en el bolsillo la paga de la señora Pauli que no iba a compartir con nadie. Vio que Oskar se rascaba los tobillos roñosos, entornando los ojos. Tenía pus en los párpados. Acarició su cabeza pelona y enferma a modo de despedida,
20 cruzó rápidamente la calle y entró en casa.

Mientras ayudaba a Ruth a poner la mesa, decidió no decirle que había visto al señor Raciocinio hurgando en las papeleras de la Rambla como un indigente; le diría solamente que le había gustado mucho la mermelada de membrillo del bocata
25 porque era una mermelada que le recordaba la suya, con eso bastaría…

–He visto a tu padre –dijo Ruth de pronto.

–¿Sí? –repuso él, sorprendido–. ¿Has visto a papá?

Su madre suspendió el gesto, los cubiertos en la mano, y le
30 miró con media sonrisa.

–A papá, sí. A papá.

–¿Cuándo le has visto?

–Trae el pan y siéntate. Hace media hora, en la Rambla. –Parecía tranquila, alisando cuidadosamente los pliegues del

---

3 *(auf Polnisch)* «Mañana, caramelos de crema de leche» – 6 **abanicarse** s. zufächeln – 11 **amagar** = simular – 29 **suspender** levantar

mantel, colocando los platos y los vasos–. Nos hemos sentado en una terraza y hemos hablado un rato. Iba con una perrita muy lista vestida de bailarina. Tu padre está bien, se las apaña... Anda gorroneando cigarrillos, como siempre, pero
5 me ha invitado a una horchata.

–¿Eso ha hecho? Vaya.

–Se va a Holanda con un acordeonista amigo suyo, dice que ahora los viejos hippies se reúnen en Ámsterdam.

–¿Ah, sí? ¿Cuándo se va?

10 –Lávate las manos antes de sentarte a la mesa –le gustaba decirle eso, era como recuperar un antiguo orden doméstico–. Le he pedido que venga a cenar alguna noche. No se me ha ocurrido qué otra cosa podríamos hacer por él. –Miró a Bruno, que parecía confuso, y añadió–: De todos modos me ha dicho
15 que no vendrá. –Esperó unos segundos–. ¿No quieres saber por qué me ha dicho que no vendrá?

Bruno pellizcó una miga de pan y se la llevó a la boca.

–Pero tú no volverás a juntarte con él, ¿verdad, mamá? Tú no quieres que te haga llorar otra vez, ¿verdad?

20 –Claro que no. Pero es tu padre. Dice que solo vendrá si tú se lo pides.

–¿Yo?

–Tú, sí.

Le gustaría que fuera a verle, añadió, siquiera para decirle
25 adiós y desearle suerte, ya que la última vez que estuvo en casa se portó muy mal con él. Bruno se hizo el distraído y al poco rato se las apañó para cambiar de tema. Quería saber si Ruth tenía alguna pomada para cicatrices y granos de pus en la cabeza, porque su amigo Oskar, el pequeño de los hermanos
30 Rabinad, con los baños de sol que le recetaba el médico lo estaba pasando muy mal. Ruth quiso saber quiénes eran los hermanos Rabinad, dijo que nunca los había visto, ni en la calle ni por el barrio, y que le extrañaba mucho que un médico recetara baños de sol para las cicatrices o los granos de un
35 niño...

17 **pellizcar** naschen

–De verdad que está enfermo, mamá –dijo Bruno–. Se pasa el día tumbado en la acera, tú misma has podido verlo.

–¿Ver qué?

–A Oskar. Estaba conmigo cuando has llegado, y su hermano Jan también…

–No he visto a nadie, hijo.

–Mamá, ¿cómo puedes decir que no los has visto? ¡Si estaban a mi lado!

–Pues deben abultar muy poco, porque no me he dado cuenta. –Meneó la cabeza, pensativa, aparcando el asunto–. Estaba pensando en otra cosa. En la señora Pauli… No está bien. ¿Le has dicho que quiero hablar con su sobrina? –No obtuvo respuesta–. ¿Me oyes, hijo?

–Ah, sí, se lo he dicho –farfulló él.

Estaba confuso y descontento. Confuso porque no podía entender que su madre no hubiera visto a los Rabinad. No eran más que un par de golfos, casi unos pedigüeños, siempre callejeando, solitarios y bastante andrajosos, dos buenas piezas sin oficio ni beneficio, habría dicho su madre, pero desde luego se hacían notar. Y descontento porque empezaba a sentirse mal por haber engañado tan premeditadamente al Cocoliso. Después de comer salió a la calle con el desabrido propósito de darle el dinero a Oskar para que lo llevara a su hermano. Pero Oskar también se había ido.

9 **abultar** aufblähen – 10 **menear la cabeza** den Kopf schütteln – 14 **farfullar** hablar confusamente – 17 **un pedigüeño** que pide mucho – 18 **andrajoso** zerlumpt – 21 **premeditadamente** de manera planeada

Capítulo 6

Al día siguiente no apareció por la calle ninguno de los dos hermanos, y al otro tampoco. Esperó inútilmente el resto de la semana y al final decidió ir a la calle Tres Señoras en busca del almacén de chatarra del señor Rabinad, pero en esa calle no había ningún almacén de chatarra y nunca lo hubo, según le dijo un viejo portero que barría la acera. Aun así, confiaba en reencontrarse con el Cocoliso el día menos pensado; seguramente volvería con su macuto lleno de aviones, por lo que cada mañana salía a la calle con las seis pesetas y setenta y cinco céntimos que le debía en el bolsillo, recogía puntualmente los aviones que la noche anterior había lanzado la señora Pauli, adornados siempre con mensajes que no entendía escritos con lápiz rojo, y los metía en una bolsa. Subía al piso de la anciana y entregaba a cambio de calderilla aquellos pequeños artilugios aéreos de papel, cada vez más escasos y toscos, y lo hacía sintiéndose cada día menos seguro de participar en el caprichoso juego de una chiflada; más bien se sentía impulsado por una voluntad incierta, nacida de un compromiso personal cuya naturaleza no sabría explicar. En las frágiles alas de papel que el barrendero o alguna vecina hacendosa no habían conseguido descalabrar a escobazos, Bruno se entretenía deletreando palabras que acumulaban consonantes: *Tej nocy ciastka. Jutro chleb. Dziś czekolada.* Le gustaba esforzarse en leerlas de viva voz; no pretendía descifrar su sentido, solamente probar otra voz, descubrir una tonalidad distinta. Le parecía oír hablar a otro, en un tono grave y adulto, y se imaginaba estar diciendo cosas extraordinarias. Del suelo recogió el último avión, estrellado en la persiana del bar Trébol, y leyó: *Dzień dobry. ¡Lomir say iberleben!*

---

5 **un almacén de chatarra** Schrottplatz – 16 **un artilugio** máquina – 18 **chiflado** loco – 22 **hacendoso** trabajador – 22 **descalabrar** dañar – 24 *(auf Polnisch)* «Esta noche bizcochos.» «Mañana pan.» «Hoy chocolate.» – 30 *(auf Polnisch)* «Buenos días.» *(auf Jiddisch)* «¡Sobrevivámosles!»

–¿Esto qué quiere decir, señora Pauli? –preguntó al entregarlo.

–Quiere decir buenos días, cariño.

El sábado de la segunda y última semana de vacaciones, a
5 primera hora de la noche cayó un fuerte chaparrón y la calle
quedó encharcada. Ruth había ido a cenar con su jefa y amiga
a un restaurante del Raval, dejando la mesa puesta y la cena
preparada para Bruno. A eso de las once Bruno sacó la bolsa
de la basura y vio dos aviones junto al bordillo de la acera;
10 la lluvia casi los había deshecho y un reguero fangoso los
arrastraba hacia la boca de la alcantarilla. Al llegar a la esquina
de Torrente de las Flores, donde estaba el contenedor, empezó
a llover de nuevo con tanta intensidad que se refugió en un
portal durante un rato. Corría a casa cuando cayó a su lado un
15 paraguas negro, abierto. Alzó los ojos y por entre la cortina de
agua y la difusa luz de la farola vio a la señora Pauli asomada al
balcón, inmóvil bajo la lluvia.

Recogió el paraguas y en casa se hizo con la llave del piso de
la anciana que Ruth guardaba en el cajón de su mesilla, subió
20 las escaleras corriendo hasta el segundo piso y abrió la puerta.
El pequeño recibidor estaba a oscuras y también el pasillo,
pero había luz en el comedor. El aguacero caía con fuerza en
el balcón abierto, y allí estaba ella, en camisón y con un chal
sobre los hombros, arrimada a la barandilla y mirando la calle.
25 Tenía en las manos otro paraguas y lo abría cuando Bruno se
paró jadeando en el umbral del balcón.

–Señora Pauli, ¿qué hace? Llueve mucho… ¿Se le ha caído un
paraguas?

–Tengo muchos más, no te preocupes.
30 Su mirada estaba fija en la esquina de Torrente de las Flores
donde parpadeaba una farola, y él adivinó en las pupilas
brillantes la intensidad emocional del nuevo dislate.

---

5 **un chaparrón** fuerte lluvia – 6 **quedarse encharcado** inundarse – 10 **un reguero**
Rinnsal – 26 **jadear** keuchen – 32 **un dislate** Unsinn

–Ven, Bruno, acércate. Aquí, debajo del paraguas.

–Pero es que llueve mucho, señora Pauli.

–¿Ves aquel hombre en la esquina, el que lleva un brazalete con una estrella amarilla? Mira, se acaba de caer frente a la taberna con las manos en los bolsillos, ¿lo ves?, está en el suelo con las manos todavía en los bolsillos del pantalón, será del frío que tiene… Le he tirado el paraguas, pero no lo ha visto.

–Allí no hay nadie, señora Pauli. Por favor…

Tocó su brazo empapado instándola a entrar en casa, pero ella lo esquivó.

–Espera –dijo–. Tienes que verlo. No es fácil, porque la calle está llena de gente que camina de acá para allá, y tampoco quieren verlo, y si lo ven, no se lo pueden creer… Pero tú tienes que creerme, cariño. He visto pasar esqueletos andantes, te lo juro. Y no sólo en esta calle, también en la calle Leszno, que es como un cementerio.

–Ya.

–Y mira, allí, en la acera de enfrente, mira a esa mujer con un niño en brazos, acurrucada en el suelo. ¿La ves? Lleva tres horas sentada junto a la puerta.

–Sí, ya. Entremos, señora Pauli…

–¿Ves su mano abierta, que asoma tras la cabecita de la criatura? Pues no es que esté mendigando, no creas. Puede que esté muerta, y su hijo también, pero puede que no. Se le ha desprendido el zapato del pie, está allí tirado, ¿lo ves?, junto al bordillo… Habría que darle un paraguas y llevar el niño al orfanato de la calle Krochmalda antes de que pase la brigada de los sepultureros con la carretilla que recoge a los niños muertos… ¿Me oyes, cariño? –Había cerrado el paraguas para dárselo, y se contuvo al verle indeciso y asustado–. ¿Qué te pasa? Desde aquí no se ve muy bien, pero cuando bajes y te acerques… ¿Es que no me crees, hijo?

Sin capacidad de reacción, empapado, Bruno miraba atónito el paraguas cerrado que la anciana sujetaba

---

3 **un brazalete** Armbinde – 14 **unos esqueletos andantes** wandelnde Skelette – 24 **se le ha desprendido** se le ha salido – 28 **un sepulturero** Totengräber – 28 **una carretilla** Schubkarre – 33 **empapado** durchnässt

firmemente, como si leyera en la corva empuñadura la causa de la alucinación. Ella se desplazó a lo largo de la barandilla con animosos pasitos de baile, sin dejar de escudriñar la calle, y Bruno indagaba en sus alucinadas pupilas de muñeca
5 ese punto de luz que traspasaba la cortina de agua y las sombras de la noche y mantenía viva la quimera. Abajo, la sucia luz de las farolas manchaba las fachadas de las casas y el callejón parecía vetusto y mohoso, un escenario espectral abierto a los desvaríos de la señora Pauli, aquel angustioso
10 recuento de sombras y quebrantos que ella veía desfilar desde hacía quién sabe cuánto tiempo y que ahora él aceptaba en silencio y con cierta curiosidad involuntaria, más bien fastidiosa; no había que hacer caso, se dijo una vez más, eran desatinos o desahogos propios de una anciana perturbada.
15 Pero esta noche se sentía aturullado y un tanto asustado. Le inquietaba sobre todo que el recuento de calamidades fuera tan reiterativo y explícito, adornado con tan sorprendentes y funestos detalles: el zapato extraviado bajo la lluvia, la mano muerta, la estrella en la manga… ¿Por qué la mirada de la
20 vieja distinguía con tan minuciosa exactitud el más leve gesto de aflicción y abandono de esos bultos o sombras que se le antojaban tirados en la acera, fueran figuraciones o meras ocurrencias? ¿Y por qué ese empeño en hacérselo ver con pelos y señales, sin que se le escapara ningún detalle?
25 No tenía respuesta a eso y se limitó a desmentir una vez más y con escasa convicción que abajo en la calle hubiera alguien. Intentó hacerle ver lo real e inmediato: que era muy tarde y llovía mucho, que ella estaba empapada y que urgía entrar en casa si no quería pillar una pulmonía. Pero ni así. La tremenda

---

1 **la corva empuñadura** gebogener Regenschirmgriff – 3 **escudriñar** examinar –
5 **traspasar** *aquí:* durchdringen – 6 **una quimera** ilusión – 8 **vetusto** antiguo –
8 **mohoso** verschimmelt – 9 **angustioso** beklommen – 13 **fastidioso** incómodo – 14 **un desatino** Wahnvorstellung – 14 **un desahogo** alivio de una pena – 14 **perturbado** demente – 15 **aturullado** verwirrt – 16 **una calamidad** catástrofe – 17 **reiterativo** repetitivo – 18 **funesto** desgraciado – 21 **una aflicción** tristeza – 22 **una mera ocurrencia** ideas disparatadas – 25 **desmentir** abstreiten – 26 **una convicción** Überzeugung – 28 **urgir** ser necesario

mirada seguía fija en la acera frontal, atraída por urgencias o querencias más imperiosas. Lo único que podía hacer era insistir, y tiró suavemente de una punta del chal.

–Entremos en casa, señora Pauli, por favor. En la calle no
5 pasa nada, no hay nadie. Yo vengo de allí y no hay nadie, se lo juro.

–¡¿Cómo puedes decir eso?! –protestó ella–. ¡Pon más atención, haz el favor! ¿O es que no me crees?

–Yo no veo a nadie, de verdad...
10 –Vaya. ¿Es que te da apuro mirar? –Evitaba la lluvia en los ojos haciendo visera con la mano, escrutando de cerca la cara angustiada del chico, y en tono lastimero añadió–: ¿Es eso, cariño? ¿Es que no quieres verlo?

–No, no. Verá, lo que pasa... bueno, no sabría explicarle,
15 pero es que todo eso que usted ve, perdone que se lo diga, pero no...

–Dime solamente una cosa. Por favor. ¿Me crees o no?

Bruno bajó los ojos y retuvo la respuesta durante un instante que se le hizo eterno. Luego inclinó la cabeza y asintió dos
20 veces.

–Entonces ayudaremos a esa pobre mujer –propuso la señora Pauli, y le puso el paraguas cerrado en el pecho, empujándole–. Baja y dale el paraguas, por favor. ¡Vamos, vamos, a qué esperas!
25 –Ya.

Entendió finalmente que no bastaba con mirar, que había que implicarse, y un minuto después bajaba a la calle, cruzaba el arroyo enfangado y ofrecía el paraguas abierto a un nido de sombras del que emergía una aldaba herrumbrosa y una
30 puerta gris. Consciente de que la oscuridad y la lluvia podían emborronar la escena, se inclinó y gesticuló burdamente en atención a la supuesta presencia, otorgando volumen y perfil

---

1 **una urgencia** necesidad – 2 **una querencia** Anhänglichkeit – 11 **escrutar** mirar con atención – 28 **enfangado** mit Schlamm verschmutzt – 29 **una aldaba herrumbrosa** rostiger Türklopfer – 31 **emborronar** verwischen – 31 **burdamente** auf grobe Weise – 32 **otorgar** dar

a una mujer acurrucada en el suelo y envuelta en harapos con el niño ovillado en su pecho. Se aplicó en ello despacio y concienzudamente; un simulacro improvisado con profusión de gestos, quizá demasiado solícitos y explícitos para resultar
5 creíbles, pero persistentes, voluntariosos. Implicándose. El paraguas quedó abierto y de pie, apoyado en la puerta de madera despintada que batía la lluvia, y Bruno se incorporó y miró arriba buscando la aprobación de la señora Pauli. Entonces vio el chal cayendo desde lo alto con las alas
10 desplegadas como un gran pájaro oscuro en medio de la lluvia, y más arriba a la anciana asomada al balcón y haciéndole señas para que se lo diera a la mujer. Y Bruno no vaciló; lo pilló en el aire, empapado de lluvia, lo sacudió, y, con él en las manos, volvió a inclinarse en atención al doliente perfil de
15 las sombras y lo depositó sobre la cabeza y los hombros de la mujer, dormida o muerta. Por un instante, sus dedos ateridos creyeron rozar una frente cálida, una fugaz adhesión de la quimera. Al incorporarse vio que la señora Pauli se retiraba del balcón y apagaba la luz del comedor.

20 Cuando su madre volvió a casa le contó lo ocurrido y al día siguiente Ruth subió a verla. La encontró sentada en la cama, desnuda y con unas tijeras en la mano. Parecía muy abatida y desorientada. La jaula del loro estaba en la mesilla de noche y sobre el lecho revuelto había una libreta y hojas sueltas, dos
25 aviones de papel a medio hacer y un lápiz rojo. Ruth la ayudó a vestirse y luego llamó por teléfono a Érika.

–Me estaba temiendo algo así desde hace tiempo –dijo Érika al llegar. Después de escuchar lo ocurrido la víspera por boca del propio Bruno, decidió que su tía no podía vivir sola
30 por más tiempo. Le dijo a Ruth que ahora temía seriamente por la anciana y se reprochaba no haberse ocupado antes de

---

1 **un harapo** trapo sucio y roto – 2 **ovillado** zusammengerollt – 3 **concienzudamente** gewissenhaft – 12 **vacilar** dudar – 13 **sacudir** rütteln – 17 **una fugaz adhesión** confirmación pasajera – 24 **un lecho** cama – 28 **la víspera** el día anterior

ella; temía que sus cada vez más frecuentes salidas de tono y sobre todo su comportamiento en el balcón, las cosas raras que según Bruno solía hacer allí, tirar a la calle galletas y otras cosas de comer y aviones de papel para los niños, podía deberse a algo más que a un ocasional desvarío senil y sin sentido. Pensaba que el horror y la miseria de los días que vivió en el pasado se había apoderado de ella nuevamente y que, hallándose en ese estado de ánimo, cada vez que se asomaba al balcón y miraba la calle, en su memoria se abría un abismo y de pronto ya no estaba en este balcón ni veía esta calle, estaba en el balcón de su casa en el gueto de Varsovia y lo que ahora veía o creía ver aquí en la calle Congost eran tal vez escenas de aquel horror cotidiano que debía de ofrecer la calle Nowolipie, cuando sus padres ya habían muerto en Treblinka y ella vivía sola en casa, una muchacha de poco más de veinte años que encontró protección en un joven oficial alemán y se las apañó para escapar de aquel infierno.

–Por lo que sé –concluyó Érika–, mi madre tuvo mejor suerte porque se había ido antes. Mi tía no pudo. Y aunque después consiguió huir, empiezo a creer que nunca pudo escapar de aquel balcón…

Ese mismo día, domingo, a última hora de la tarde, ayudada por Ruth, Érika llenó una maleta con algo de ropa, medicinas y lo que de momento consideró imprescindible para la anciana, incluidas las rosas de lana que tenía casi hechas, y después llamó a un taxi por teléfono. Sentada a la mesa del comedor frente a la jaula de Jacinto, la señora Pauli había quedado sumida en un silencio expectante, como si esperara instrucciones del pájaro.

Poco antes del mediodía, un par de vecinas la vieron subir al taxi desde un portal próximo y se acercaron, pero ella las ignoró. Se acomodó en el asiento trasero y sólo habló para reclamar la jaula de Jacinto a su lado. Detrás del cristal de la ventanilla, cuando el coche giraba en la esquina, sus ojos

---

5 **un desvarío** delirio – 9 **el abismo** Abgrund – 16 **se las apañó** *coloq* se las ingenió – 28 **sumida en un silencio expectante** *fig* callada y a la expectativa

vivaces buscaron a Bruno, parado en el punto de la acera donde la víspera él había dejado el paraguas abierto y el chal para que una mujer y un niño ateridos se guarecieran de la lluvia, y le sonrió.

5 Terminaron las vacaciones y Bruno volvió al trabajo en la pastelería de la plaza del Sol. El primer día salió de casa muy temprano, cuando el sol empezaba a reflejarse en los cristales de las ventanas altas y aún no había bajado a la acera ni parecía querer bajar. La calle Congost al amanecer, con su apagado
10 color y su silencio de terciopelo viejo, parecía aguardar a los hermanos Rabinad. Bruno llevaba en el bolsillo las seis pesetas y setenta y cinco céntimos que le debía al Cocoliso, y pensaba llevarlas encima hasta que lo encontrara. Ese mismo día, al anochecer, volvió a casa muy tarde y algo entristecido.
15 –¿Qué te ha pasado? –preguntó Ruth.

–No me ha pasado nada.

–¿Ah, no? ¿Dónde has estado?

–Por ahí, en ningún sitio.

Bajando los ojos, enfurruñado, acabó explicando que había
20 ido a la Rambla a decirle a su padre si quería venir a cenar, pero ya se había marchado.

–Un limpiabotas que le conoce me ha dicho que se fue ayer. –Y después de un tenso silencio, en tono desdeñoso–: Qué prisa, ¿no? Pues mira, él se lo pierde.
25 Ruth comprendió que el despecho era consigo mismo, que lamentaba haberse decidido demasiado tarde. Le dijo que no debía apurarse.

–La intención es lo que vale, hijo.

–Ya.
30 Dos días después, el empleado de una tienda de marcos y portarretratos de la calle Joan Blanques llamó a la puerta y le dijo a Ruth que la vecina del segundo primera no estaba en

3 **aterido** paralizado por el frío – 3 **guarecerse** refugiarse – 10 **aguardar** esperar – 19 **enfurruñado** *coloq* algo enfadado – 23 **desdeñoso** despectivo

casa, que era la segunda vez que venía y no la encontraba; que si ella sería tan amable de entregarle a la señora Pauli unas fotografías que había encargado enmarcar. Las traía en un sobre y Ruth se hizo cargo para dárselas a Érika, que había de
5 volver para ocuparse del piso.

Bruno sintió curiosidad y por la noche llevó el sobre a su cuarto y lo abrió. Eran tres viejas fotografías en sepia, tamaño postal, en marcos de cuero y con soporte trasero para sostenerse. Supuso que debían de ser las que la señora
10 Pauli había reclamado a su sobrina en más de una ocasión. En una de ellas se veía al señor y a la señora Pawlikowski sonrientes y cogidos del brazo en la puerta de su casa, y en otra a las niñas Irena y Hanna en la escuela de danza, ambas posando en maillot junto a la barra. En las dos fotografías el
15 contraluz y el tiempo ido velaban los rostros, y la mirada de Bruno resbaló sobre ellas indiferente. La tercera iba a dejarle con la boca abierta. Era una foto recortada de alguna revista o periódico, y en ella se veía parte de una calle empedrada, fachadas leprosas y una acera muy transitada, hombres y
20 mujeres y niños yendo o viniendo un poco sonámbulos y un punto andrajosos, sumisos y desganados en su rutinaria andadura, algunos parados en una suerte de espasmo o de fingida curiosidad, una señora tocada con airoso sombrero, tres hombres con brazaletes blancos en la manga y otros
25 abrigados con toscos tabardos y gorras. Funestos presagios de miseria y sometimiento parecían guiar sus pasos hacia el final de la calle, llevados por el desánimo, la resignación y la fatalidad. Casi al fondo de la foto se distinguía una farola y detrás un balcón con barandilla de hierro, al que se asomaba
30 una difusa sombra blanca. Y abajo en la acera, sentados en el bordillo codo con codo y mirando fijamente a la cámara con

14 **un maillot** *gal* traje de baño enterizo – 16 **indiferente** desinteressiert – 18 **empedrado** gepflastert – 19 **una fachada leprosa** *fig* frente de edificio mal conservado – 20 **sonámbulo** schlafwandlerisch – 22 **una andadura** Gangart – 22 **un espasmo** Starre – 23 **tocar** *aquí:* cubrirse la cabeza con adornos – 23 **airoso** con gracia – 25 **un funesto presagio** verhängnisvolle Vorahnung – 26 **un sometimiento** Unterdrückung

ojos depredadores, cinco muchachos descalzos, harapientos y famélicos, frente a otro igualmente sucio y descalzo sentado en lo que parecía un leño. Al segundo por la derecha, cabeza rapada y ojos alertados de murciélago, lo reconoció en el acto,
5 y también a su hermano, sentado en el leño.

Allí estaban los dos, en otra ciudad y con otros amigos, agazapados en el bordillo de la acera al acecho de otra oportunidad, tramando seguramente nuevas mañas o rapiñas para subsistir, marginales y borrosos como siempre en su
10 persistente fotograma en blanco y negro; sí, eran ellos sin la menor duda, los hermanos Rabinad pidiéndole cuentas con la mirada desde una calle desconocida y también gris, también con sus fachadas leprosas y su aire de invierno eterno detenido en el tiempo. Bruno lo negaba con la cabeza, pero no podía
15 apartar los ojos de los dos muchachos, de sus pies descalzos y sucios, de su enigmático desamparo y su precaria libertad: sentía como si ambos le estuvieran esperando para ir juntos otra vez a buscarse la vida por ahí, en las calles de otra ciudad hostil y bajo un cielo del que también podrían caer aviones de
20 papel con buenas noticias.

Al cabo, del desconcierto fantasioso pasó al desencanto y al rechazo, y se rio de sí mismo, se dijo que ver aparecer a Jan y a Oskar en esa añeja fotografía era algo naturalmente disparatado e inexplicable, si es que no lo fue también, ahora
25 que lo pensaba, haber visto o soñado su paso fugaz por la calle Congost. Y sin embargo, más allá del estupor, más allá de sus malparadas convicciones, quería creer que efectivamente eran ellos, sus dos amigos errantes y desvalidos. Estaba dispuesto a creerlo incluso después de leer por enésima vez el lugar y la
30 fecha a pie de foto:

Calle Nowolipie, gueto de Varsovia, verano de 1943.

2 **famélico** muy delgado – 7 **agazapado** escondido – 7 **al acecho** auf der Lauer – 16 **un enigmático desamparo** misterioso abandono – 19 **hostil** desfavorable – 21 **desconcierto fantasioso** confundido en su fantasía – 23 **añejo** viejo – 24 **disparatado** absurdo – 26 **un estupor** gran asombro – 27 **una malparada convicción** beschädigte Überzeugung – 28 **errante** vagabundo – 28 **desvalido** abandonado – 29 **por enésima vez** zum zigsten Mal

El autor y su obra

Juan Marsé nació en Barcelona en 1933. En 1960 publicó su primera novela, *Encerrados con un solo juguete* (Lumen, 1999), y en 1962 apareció *Esta cara de la luna*. Le siguieron *Últimas tardes con Teresa* (Lumen, 1999, 2020), que en 1966 obtuvo el Premio Biblioteca Breve, y *Si te dicen que caí* (Lumen, 2009) en 1973. *La muchacha de las bragas de oro* (Lumen, 2006) le valió el Premio Planeta en 1978. *El embrujo de Shanghai* (Lumen, 2002) recibió el Premio Nacional de la Crítica en 1994. En 2014 Lumen publicó la novela breve *Noticias felices en aviones de papel*, ilustrada por María Hergueta. En 2008 se le concedió el Premio Cervantes de las Letras Españolas. Juan Marsé falleció el 18 de julio de 2020.

Juan Marsé

Abreviaturas y símbolos

aquí: = señala un significado específico de la palabra en el contexto

coloq = coloquial

despect = despectivo (abwertend)

etw = etwas

Esp = peninsularismo, expresión típica del español de España

f = femenino

fam = lenguaje familiar

fig = lenguaje figurativo

gal = galicismo (palabra francesa o de origen francés)

irón = irónico

lit = literario

loc = locución, giro idiomático (Redewendung)

m = masculino

p ej = por ejemplo

pl = plural

s. = sich

uc = una cosa, algo

up = una persona, alguien

vulg = expresión vulgar

≠ = contrario de

→ = remite a una palabra ya conocida